心一堂術數古籍珍本叢刊

書名：後天神數（六十四卦配奇門本）（上）
系列：心一堂術數古籍珍本叢刊　星命類　神數系列　第三輯　291
作者：舊題【宋】邵雍
主編、責任編輯：陳劍聰
心一堂術數古籍珍本叢刊編校小組：陳劍聰　素聞　鄒偉才　虛白盧主　丁鑫華

出版：心一堂有限公司
通訊地址：香港九龍旺角彌敦道六一〇號荷李活商業中心十八樓〇五—〇六室
深港讀者服務中心：中國深圳市羅湖區立新路六號羅湖商業大厦負一層〇〇八室
電話號碼：(852)9027-7110
網址：publish.sunyata.cc
電郵：sunyatabook@gmail.com
網店：http://book.sunyata.cc
淘寶店地址：https://sunyata.taobao.com
微店地址：https://weidian.com/s/1212826297
臉書：https://www.facebook.com/sunyatabook
讀者論壇：http://bbs.sunyata.cc/

版次：二零二一年五月初版
平裝：三冊不分售

定價：港幣　八百八十元正
　　　新台幣　三仟八百八十元正

國際書號：ISBN 978-988-8583-89-8

香港發行：香港聯合書刊物流有限公司
地址：香港新界荃灣德士古道二二〇—二四八號荃灣工業中心十六樓
電話號碼：(852)2150-2100
傳真號碼：(852)2407-3062
電郵：info@suplogistics.com.hk
網址：http://www.suplogistics.com.hk

台灣發行：秀威資訊科技股份有限公司
地址：台灣台北市內湖區瑞光路七十六巷六十五號一樓
電話號碼：+886-2-2796-3638
傳真號碼：+886-2-2796-1377
網絡書店：www.bodbooks.com.tw
台灣秀威書店讀者服務中心：
地址：台灣台北市中山區松江路二〇九號一樓
電話號碼：+886-2-2518-0207
傳真號碼：+886-2-2518-0778
網絡書店：http://www.govbooks.com.tw

中國大陸發行　零售：深圳心一堂文化傳播有限公司
深圳地址：深圳市羅湖區立新路六號羅湖商業大厦負一層〇〇八室
電話號碼：(86)0755-82224934

心一堂微店二維碼

心一堂淘寶店二維碼

心一堂術數古籍 珍本 整理 叢刊 總序

術數定義

術數，大概可謂以「推算（推演）、預測人（個人、群體、國家等）、事、物、自然現象、時間、空間方位等規律及氣數，並或通過種種『方術』，從而達致趨吉避凶或某種特定目的」之知識體系和方法。

術數類別

我國術數的內容類別，歷代不盡相同，例如《漢書・藝文志》中載，漢代術數有六類：天文、曆譜、五行、蓍龜、雜占、形法。至清代《四庫全書》，術數類則有：數學、占候、相宅相墓、占卜、命書、相書、陰陽五行、雜技術等，其他如《後漢書・方術部》、《藝文類聚・方術部》、《太平御覽・方術部》等，對於術數的分類，皆有差異。古代多把天文、曆譜、及部分數學均歸入術數類，而民間流行亦視傳統醫學作為術數的一環；此外，有些術數與宗教中的方術亦往往難以分開。現代民間則常將各種術數歸納為五大類別：命、卜、相、醫、山，通稱「五術」。

本叢刊在《四庫全書》的分類基礎上，將術數分為九大類別：占筮、星命、相術、堪輿、選擇、三式、識諱、理數（陰陽五行）、雜術（其他）。而未收天文、曆譜、算術、宗教方術、醫學。

術數思想與發展——從術到學，乃至合道

我國術數是由上古的占星、卜筮、形法等術發展下來的。其中卜筮之術，是歷經夏商周三代而通過「龜卜、蓍筮」得出卜（筮）辭的一種預測（吉凶成敗）術，之後歸納並結集成書，此即現傳之《易

經》。經過春秋戰國至秦漢之際，受到當時諸子百家的影響、儒家的推崇，遂有《易傳》等的出現，原本是卜筮術書的《易經》，被提升及解讀成有包涵「天地之道（理）」之學。因此，《易・繫辭傳》曰：「易與天地準，故能彌綸天地之道。」

漢代以後，易學中的陰陽學說，與五行、九宮、干支、氣運、災變、律曆、卦氣、讖緯、天人感應說等相結合，形成易學中象數系統。而其他原與《易經》本來沒有關係的術數，如占星、形法、選擇，亦漸漸以易理（象數學說）為依歸。《四庫全書・易類小序》云：「術數之興，多在秦漢以後。要其旨，不出乎陰陽五行，生尅制化。實皆《易》之支派，傳以雜說耳。」至此，術數可謂已由「術」發展成「學」。

及至宋代，術數理論與理學中的河圖洛書、太極圖、邵雍先天之學及皇極經世等學說給合，通過術數以演繹理學中「天地中有一太極，萬物中各有一太極」（《朱子語類》）的思想。術數理論不單已發展至十分成熟，而且也從其學理中衍生一些新的方法或理論，如《梅花易數》、《河洛理數》等。

在傳統上，術數功能往往不止於僅僅作為趨吉避凶的方術，及「能彌綸天地之道」的學問，亦有其「修心養性」的功能，「與道合一」（修道）的內涵。《素問・上古天真論》：「上古之人，其知道者，法於陰陽，和於術數。」數之意義，不單是外在的算數、歷數、氣數，而是與理學中同等的「道」、「理」--心性的功能，北宋理氣家邵雍對此多有發揮：「聖人之心，是亦數也」、「萬化萬事生乎心」、「心為太極」。《觀物外篇》：「先天之學，心法也。……蓋天地萬物之理，盡在其中矣，心一而不分，則能應萬物。」反過來說，宋代的術數理論，受到當時理學、佛道及宋易影響，認為心性本質上是等同天地之太極。天地萬物氣數規律，能通過內觀自心而有所感知，即是內心也已具備有術數的推演及預測、感知能力；相傳是邵雍所創之《梅花易數》，便是在這樣的背景下誕生。

《易・文言傳》已有「積善之家，必有餘慶；積不善之家，必有餘殃」之說，至漢代流行的災變說及讖緯說，我國數千年來都認為天災，異常天象（自然現象），皆與一國或一地的施政者失德有關；下至家族、個人之盛衰，也都與一族一人之德行修養有關。因此，我國術數中除了吉凶盛衰理數之外，人心的德行修養，也是趨吉避凶的一個關鍵因素。

術數與宗教、修道

在這種思想之下，我國術數不單只是附屬於巫術或宗教行為的方術，又往往是一種宗教的修煉手段--通過術數，以知陰陽，乃至合陰陽（道）。「其知道者，法於陰陽，和於術數。」例如，「奇門遁甲」術中，即分為「術奇門」與「法奇門」兩大類。「法奇門」中有大量道教中符籙、手印、存想、內煉的內容，是道教內丹外法的一種重要外法修煉體系。甚至在雷法一系的修煉上，亦大量應用了術數內容。此外，相術、堪輿術中也有修煉望氣（氣的形狀、顏色）的方法；堪輿家除了選擇陰陽宅之吉凶外，也有道教中選擇適合修道環境（法、財、侶、地中的地）的方法，以至通過堪輿術觀察天地山川陰陽之氣，亦成為領悟陰陽金丹大道的一途。

易學體系以外的術數與的少數民族的術數

我國術數中，也有不用或不全用易理作為其理論依據的，如揚雄的《太玄》、司馬光的《潛虛》。也有一些占卜法、雜術不屬於《易經》系統，不過對後世影響較少而已。

外來宗教及少數民族中也有不少雖受漢文化影響（如陰陽、五行、二十八宿等學說。）但仍自成系統的術數，如古代的西夏、突厥、吐魯番等占卜及星占術，藏族中有多種藏傳佛教占卜術、苯教占卜術、擇吉術、推命術、相術等；北方少數民族有薩滿教占卜術；不少少數民族如水族、白族、布朗族、佤族、彝族、苗族等，皆有占雞（卦）草卜、雞蛋卜等術，納西族的占星術、占卜術，彝族畢摩的推命術、占卜術……等等，都是屬於《易經》體系以外的術數。相對上，外國傳入的術數以及其理論，對我國術數影響更大。

曆法、推步術與外來術數的影響

我國的術數與曆法的關係非常緊密。早期的術數中，很多是利用星宿或星宿組合的位置（如某星在某州或某宮某度）付予某種吉凶意義，并據之以推演，例如歲星（木星）、月將（某月太陽所躔之宮次）等。不過，由於不同的古代曆法推步的誤差及歲差的問題，若干年後，其術數所用之星辰的位置，已與真實星辰的位置不一樣了；此如歲星（木星），早期的曆法及術數以十二年為一周期（以應地支），與木星真實周期十一點八六年，每幾十年便錯一宮。後來術家又設一「太歲」的假想星體來解決，是歲星運行的相反，週期亦剛好是十二年。而術數中的神煞，很多即是根據太歲的位置而定。又如六壬術中的「月將」，原是立春節氣後太陽躔娵訾之次而稱作「登明亥將」，至宋代，因歲差的關係，要到雨水節氣後太陽才躔娵訾之次，當時沈括提出了修正，但明清時六壬術中「月將」仍然沿用宋代沈括修正的起法沒有再修正。

由於以真實星象周期的推步術是非常繁複，而且古代星象推步術本身亦有不少誤差，大多數術數除依曆書保留了太陽（節氣）、太陰（月相）的簡單宮次計算外，漸漸形成根據干支、日月等的各自起例，以起出其他具有不同含義的眾多假想星象及神煞系統。唐宋以後，我國絕大部分術數都主要沿用這一系統，也出現了不少完全脫離真實星象的術數，如《子平術》、《紫微斗數》、《鐵版神數》等。後來就連一些利用真實星辰位置的術數，如《七政四餘術》及選擇法中的《天星選擇》，也已與假想星象及神煞混合而使用了。

隨着古代外國曆（推步）、術數的傳入，如唐代傳入的印度曆法及術數，元代傳入的回回曆等，其中我國占星術便吸收了印度占星術中羅睺星、計都星等而形成四餘星，又通過阿拉伯占星術而吸收了其中來自希臘、巴比倫占星術的黃道十二宮、四大（四元素）學說（地、水、火、風），並與我國傳統的二十八宿、五行說、神煞系統並存而形成《七政四餘術》。此外，一些術數中的北斗星名，不用我國傳統的星名：天樞、天璇、天璣、天權、玉衡、開陽、搖光，而是使用來自印度梵文所譯的：貪狼、巨門、祿存、文曲，廉貞、武曲、破軍等，此明顯是受到唐代從印度傳入的曆法及占星術所影響。如星命術中的《紫微斗數》及堪輿術中的《撼龍經》等文獻中，其星皆用印度譯名。及至清初《時憲曆》，置閏之法則改用西法「定氣」。清代以後的術數，又作過不少的調整。

此外，我國相術中的面相術、手相術，唐宋之際受印度相術影響頗大，至民國初年，又通過翻譯歐西、日本的相術書籍而大量吸收歐西相術的內容，形成了現代我國坊間流行的新式相術。

陰陽學——術數在古代、官方管理及外國的影響

術數在古代社會中一直扮演着一個非常重要的角色，影響層面不單只是某一階層、某一職業、某一年齡的人，而是上自帝王，下至普通百姓，從出生到死亡，不論是生活上的小事如洗髮、出行等，大事如建房、入伙、出兵等，從個人、家族以至國家，從天文、氣象、地理到人事、軍事，從民俗、學術到宗教，都離不開術數的應用。我國最晚在唐代開始，已把以上術數之學，稱作陰陽（學），行術數者稱陰陽人。（敦煌文書、斯四三二七唐《師師漫語話》：「以下說陰陽人謾語話」，此說法後來傳入日本，今日本人稱行術數者為「陰陽師」）。一直到了清末，欽天監中負責陰陽術數的官員中，以及民間術數之士，仍名陰陽生。

古代政府的中欽天監（司天監），除了負責天文、曆法、輿地之外，亦精通其他如星占、選擇、堪輿等術數，除在皇室人員及朝庭中應用外，也定期頒行日書、修定術數，使民間對於天文、日曆用事吉凶及使用其他術數時，有所依從。

我國古代政府對官方及民間陰陽學及陰陽官員，從其內容、人員的選拔、培訓、認證、考核、律法監管等，都有制度。至明清兩代，其制度更為完善、嚴格。

宋代官學之中，課程中已有陰陽學及其考試的內容。（宋徽宗崇寧三年〔一一零四年〕崇寧算學令：「諸學生習……並曆算、三式、天文書。」「諸試……三式即射覆及預占三日陰陽風雨。天文即預

定一月或一季分野災祥，並以依經備草合問為通。」

金代司天臺，從民間「草澤人」（即民間習術數人士）考試選拔：「其試之制，以《宣明曆》試推步，及《婚書》、《地理新書》試合婚、安葬，並《易》筮法，六壬課、三命、五星之術。」（《金史》卷五十一・志第三十二・選舉一）

元代為進一步加強官方陰陽學對民間的影響、管理、控制及培育，除沿襲宋代、金代在司天監掌管陰陽學及中央的官學陰陽學課程之外，更在地方上增設陰陽學課程（《元史・選舉志一》：「世祖至元二十八年夏六月始置諸路陰陽學。」）地方上也設陰陽學教授員，培育及管轄地方陰陽人。（《元史・選舉志一》：「（元仁宗）延祐初，令陰陽人依儒醫例，於路、府、州設教授員，凡陰陽人皆管轄之，而上屬於太史焉。」）自此，民間的陰陽術士（陰陽人），被納入官方的管轄之下。

至明清兩代，陰陽學制度更為完善。中央欽天監掌管陰陽學，明代地方縣設陰陽學正術，各州設陰陽學典術，各縣設陰陽學訓術。陰陽人從地方陰陽學肄業或被選拔出來後，再送到欽天監考試。（《大明會典》卷二二三：「凡天下府州縣舉到陰陽人堪任正術等官者，俱從吏部送（欽天監），考中，送回選用；不中者發回原籍為民，原保官吏治罪。」）清代大致沿用明制，凡陰陽術數之流，悉歸中央欽天監及地方陰陽官員管理、培訓、認證。至今尚有「紹興府陰陽印」、「東光縣陰陽學記」等明代銅印，及某某縣某某之清代陰陽執照等傳世。

清代欽天監漏刻科對官員要求甚為嚴格。《大清會典》「國子監」規定：「凡算學之教，設肄業生。滿洲十有二人，蒙古、漢軍各六人，於各旗官學內考取。漢十有二人，於舉人、貢監生童內考取。附學生二十四人，由欽天監選送。教以天文演算法諸書，五年學業有成，舉人引見以欽天監博士用，貢監生童以天文生補用。」學生在官學肄業、貢監生肄業或考得舉人後，經過了五年對天文、算法、陰陽學的學習，其中精通陰陽術數者，會送往漏刻科。而在欽天監供職的官員，《大清會典則例》「欽天監」規定：「本監官生三年考核一次，術業精通者，保題升用。不及者，停其升轉，再加學習。如能黽勉供職，即予開復。仍不及者，降職一等，再令學習三年，能習熟者，准予開復，仍不能者，黜退。」除定期考核以定其升用降職外，《大清律例》中對陰陽術士不準確的推斷（妄言禍福）是要治罪的。《大清律例·一七八·術七·妄言禍福》：「凡陰陽術士，不許於大小文武官員之家妄言禍福，違者杖一百。其依經推算星命卜課，不在禁限。」大小文武官員延請的陰陽術士，自然是以欽天監漏刻科官員或地方陰陽官員為主。

官方陰陽學制度也影響鄰國如朝鮮、日本、越南等地，一直到了民國時期，鄰國仍然沿用着我國的多種術數。而我國的漢族術數，在古代甚至影響遍及西夏、突厥、吐蕃、阿拉伯、印度、東南亞諸國。

術數研究

術數在我國古代社會雖然影響深遠，「是傳統中國理念中的一門科學，從傳統的陰陽、五行、九宮、八卦、河圖、洛書等觀念作大自然的研究。……傳統中國的天文學、數學、煉丹術等，要到上世紀中葉始受世界學者肯定。可是，術數還未受到應得的注意。術數在傳統中國科技史、思想史，文化史、社會史，甚至軍事史都有一定的影響。……更進一步了解術數，我們將更能了解中國歷史的全貌。」（何丙郁《術數、天文與醫學中國科技史的新視野》，香港城市大學中國文化中心。）

可是術數至今一直不受正統學界所重視，加上術家藏秘自珍，又揚言天機不可洩漏，「（術數）乃吾國科學與哲學融貫而成一種學說，數千年來傳衍嬗變，或隱或現，全賴一二有心人為之繼續維繫，賴以不絕，其中確有學術上研究之價值，非徒癡人說夢，荒誕不經之謂也。其所以至今不能在科學中成立一種地位者，實有數因。蓋古代士大夫階級目醫卜星相為九流之學，多恥道之；而發明諸大師又故為惝恍迷離之辭，以待後人探索；間有一二賢者有所發明，亦秘莫如深，既恐洩天地之秘，復恐譏為旁門左道，始終不肯公開研究，成立一有系統說明之書籍，貽之後世。故居今日而欲研究此種學術，實一極困難之事。」（民國徐樂吾《子平真詮評註》，方重審序）

現存的術數古籍，除極少數是唐、宋、元的版本外，絕大多數是明、清兩代的版本。其內容也主要是明、清兩代流行的術數，唐宋或以前的術數及其書籍，大部分均已失傳，只能從史料記載、出土文獻、敦煌遺書中稍窺一鱗半爪。

術數版本

坊間術數古籍版本，大多是晚清書坊之翻刻本及民國書賈之重排本，其中豕亥魚魯，或任意增删，往往文意全非，以至不能卒讀。現今不論是術數愛好者，還是民俗、史學、社會、文化、版本等學術研究者，要想得一常見術數書籍的善本、原版，已經非常困難，更遑論如稿本、鈔本、孤本等珍稀版本。在文獻不足及缺乏善本的情況下，要想對術數的源流、理法、及其影響，作全面深入的研究，幾不可能。

有見及此，本叢刊編校小組經多年努力及多方協助，在海內外搜羅了二十世紀六十年代以前漢文為主的術數類善本、珍本、鈔本、孤本、稿本、批校本等數百種，精選出其中最佳版本，分別輯入兩個系列：

一、心一堂術數古籍珍本叢刊

二、心一堂術數古籍整理叢刊

前者以最新數碼（數位）技術清理、修復珍本原本的版面，更正明顯的錯訛，部分善本更以原色彩色精印，務求更勝原本。并以每百多種珍本、一百二十冊為一輯，分輯出版，以饗讀者。後者延請、稿約有關專家、學者，以善本、珍本等作底本，參以其他版本，古籍進行審定、校勘、注釋，務求打造一最善版本，方便現代人閱讀、理解、研究等之用。

限於編校小組的水平，版本選擇及考證、文字修正、提要內容等方面，恐有疏漏及舛誤之處，懇請方家不吝指正。

心一堂術數古籍 珍本 整理 叢刊編校小組

二零零九年七月序

二零一四年九月第三次修訂

後天乾之乾

乾

乾之乾

乾	坎	艮	震
老陽得位子宮強 長子五宮属猴相	令堂命宮是属猴 嚴君属龍樂晚景	運行美景到庚寅 命中遇此多通太	此刻女命宮的真 夫命水木不相尅
丹桂庭前吐奇香 五子森々耀門蘭	堂斷中路赴荒坵 壽如松栢景悠々	一輪明月照當空 恰是鴻毛遇順風	父金母水保安寧 土火總是子孫宮

天

乾之乾

兌		坤		離		巽	
父年二十零九宗	兌金比和陰陽善	父執駕鶴西遊去	乾卦位上犯刑冲	父命冲寅房猴相	乾坤位上定的真	妻年已交十七宗	卦逢巽位命源強
房中吉產一桂春	丹桂枝頭吐奇芽	先母在堂伴孤灯	月缺春殘淚滿襟	壽元算來与母同	母是房羊壽如松	房中吉產一男郎	花李逢春暗吐香

天

乾　坎　艮　震

乾之乾

天乙貴人臨乾宮
運交子位登科第
大運壬午事業興
平地忽响興雲雨
双親位上不週全
母命冲酉属兔相
木生失熾水枯乾
丙字失運雲遮日

澤

命逢此卦禄氣洪
摇頭擺尾跳龍门
龍逢盛夏木逢春
秀色蒼二定成就
交属馬相入九泉
淚染衣襟袖不乾
山中遇吉是奇观
交戊土運見青天

巽 離 坤 兌

人生那有百年秋
七十三宗难逃躲
瑞雪飄飄满乾坤
生辰定在十一月
伯仲叔季排成双
兄弟主定人八個
運至甲戌遇深丟
清明善政人欽仰

乾之乾

大限临頭不自由
南柯一夢到荒坵
斗柄建子是仲冬
受胎满月十四生
手足宮中祸满堂
內有貴命耀门墙
爵位到此主遷陞
富貴榮華一齊興

淨

乾之乾

乾	坎	艮	震
人生在世不自由 妻宮主定尅一个	卦臨坎位定六親 妻相娶定屬虎命	子時生人定命宮 妻惟金水不相尅	双親定是屬狗人 慈母已知屬豬相
六親之內犯刑因 必續屬馬方到頭	妻子位上細推尋 生子定是屬馬人	父金母火犯刑冲 閏月之年五子宮	夢歸荒垣淚染襟 壽比南山不老松

失

兑	坤	離	巽
夫君定大三十四 妃央相配結同盟	生辰必在二十四 灵胎满月降人间	月出雲遮天昏暗 流年三十四岁间	慈母先去黄泉路 命犯孤独不可当
鲜花傲雪耐残冬 红顏命薄配老彭	此命主定晚岁康 下旬月出不見光	披頭散髮受驚慌 破財灾患重如山	父没相值到九泉 双親位上有两傷

乾之乾

失

乾之乾

乾	坎	艮	震
聖賢經籍蘊胸中 運交甲午身遊泮	妃央相配結同盟 佳人房雞難偕老	艮卦位上細推求 冲午鼠母歸陰路	丁日生人庚子時 腰金衣紫身榮貴
寒窓篤志多業勤 独步龍门第一層	命中帶定尅妻星 永遠共守娶房龍	刑冲破害不自由 合已安命是房猴	天乙貴人共三奇 頂冠束帶佩金魚

雷

巽	離	坤	兑
申時生人命宮強 妻宮水木定尅損	女命生末在雄宮 夫君匹配属鼠相	命犯刑冲不為佳 母命属龍歸泉下	夗央相会在池边 妻宮已定尅一个
父失母土兩安康 龍虎之相方是郎	失旺木生是水刑 方保永遠結同盟	二親永別那由他 父相属馬卧黃沙	漁人驚散斷夙緣 再配属狗保平安

乾之乾

雷

乾之乾

乾	坎	艮	震
命中乾位数中求 丹桂庭前五枝茂	斗柄建寅孟春天 生辰降体正月内	六親位上卦中覌 妻子宮中同一位	震卦位上卦中求 若問母命配何数
根深葉茂子结適 長子主定是属猴	芳年重新景色鮮 二十七日定胎元	艮土相逢交象完 皆属馬相保平安	父母原来是属猴 地四生金永無休

凡

巽	離	坤	兑
四十五六数不通 命中駁雜顛儉虛	双煞位上宮的清 先母房兎冲酉相	卦逢坤位上重重 五官四柱会傷損	此刻生人該為工 五色塗繪文光美
破財煩惱身受驚 不必憂疑问利名	嚴君房弟命歸陰 独守孤灯寿如松	填實兩殺帶破身 耳内会聪却是聾	衣食主在四方尋 龍飛风舞彩画精

乾之乾

凤

震	艮	坎	乾
斗柄輪傳建辰宮 生辰三月二十九	運行丙寅是清名 玉堦献策三千丈	堂上双親有一刑 先親在世樂晚景	皇恩屢被不須言 壬字運中官不利
風排柳梢色更新 百物清和正季春	雷霆的意甚遷遅 看得龍虎会雲風	鼠母冲午定歸陰 蒼顏白髮命房就	運蹇須防受熬煎 赤胆忠心反變愆

乾之乾

水

乾之乾

水

巽	離	坤	兌
棍打妃央兩地分 尅去佳人属牛相	一枝丹桂五堂中 若向君身何日降	土氣重〻金玉藏 姐妹二人身居長	双熱位上宫命宫 天一生数爻命木
人生失偶應重婚 再娶属馬永同盟	庚相拱照入紅塵 爻年三十五上生	蟠桃献瑞兩枝香 原来不是一娘生	庚相原来有異同 属就之相是母熱

乾之乾

乾	坎	艮	震
妃央相会在池边 夫婦共效于飛戀	丁日逢坎時甲辰 官祿二星皆共照	夕陽返照日西斜 妻宮若配屬猴相	此刻生人苦又辛 成就人間多少事
往往来来躍紅蓮 佳人定就小四年	刺股懸梁斈業勤 應選仙郎到玉京	出郊入酉似穿梭 生子定然在屬蛇	錐斧每日手中輪 石匠手藝養其身

山

巽	離	坤	兌
官星隱露是先天 職小位卑才名大	暑氣炎天是火蒸 生辰五月十七日	比目魚被猛浪分 佳人應配屬鼠相	此雁双双画梁鳴 女命匹配何庚相
仕途路廣不一般 莫末官是坐州判	綠柳桃枝聽蟬声 昊胎落地分五行	東西拆散不同群 若是雞相一常空	对对蝴蝶舞當空 永遠相守要屬龍

乾之乾

山

	乾	坎	艮	震
乾之乾	五十三四凡事艱 顛險驚恐紛紛亂	乾坤位上定的真 父命合丑属鼠相	運至戊午喜臨门 家月和合般般好	吳胎落地何時中 十四生人樂晚景
地	实殃禍患財不安 思量一徃受熬煎	天地人元分五行 地四生數母命金	十年之内百福臻 凡事營謀俱趂心	中旬之候月正明 斜陽返照陰陽分

	巽	離	坤	兌
乾之乾	蝴蝶偏〻乱飛揚 姐妹三ケ身居小	乾坤宫位犯刑冲 嚴父冲辰属狗相	妻財子祿宫先天 蘭房二十零一歲	大運輪轉行至辰 得意去折三秋桂
地	天生排宫非成双 生身宫就不一娘	慈母属龍命歸陰 黃泉路上不同程	子息遲早非偶然 堂前喜氣產一男	官星共照福星臨 平地一声上龍门

姤

後天乾之巽

乾之巽　　休

乾

重義輕財志氣雄　一心好結好賓朋
若是投了你得意　死生患難亦能同

坎

蟄蟲坯戶仲秋天　鴻雁來賓叫聲喧
元辰誕降閏八月　二十四日到人前

艮

父親註定鼠年生　命不堅牢已入陰
母氏在堂苦心守　他命原來是屬龍

震

運行丙辰不風流　頻生災患有憂驚
官詞口舌破財事　背地思量意難休

巽 人家日用尋常物　毀壞破爛不完全
若是拿到你得手　振舊如新使幾年

離 運行甲申最為良　一天雲散顯三光
出入通達添祥瑞　精神爽利大吉昌

坤 遙遙一望草木香　誰料暮年逢喜祥
丈年七十零一歲　降君人世一棟樑

兌 並蒂蓮花遇暴風　夫妻拆散淚沾襟
佳人已定尅一個　重婚鼠相保安平

乾之巽　休

乾之巽　生

乾

八字先天註五行　手足本是天排成
兄弟四人身居長　富貴窮通各不同

坎

鴻漸于逵

艮

朔風凜凜正隆冬　松柏霜天獨見青
貴體降生十一月　二十四日下天宮

震

歲寒松柏堂前立　長子屬猴正芳榮
孤身獨自無儔侶　家道興隆有遠聲

巽

女運交臨戊子中　持家立業長精神
合家老少托你福　亦不憂疑亦不驚

離

八字能通造化機　神書之內已先知
妻娶屬馬先尅去　再娶鼠相福壽齊

坤

乾坤定就世間人　一時八刻細推尋
父鼠母狗無錯繆　均在堂前享大齡

兌

鴛鴦驚散幾多番　人生尅婦是前緣
今生定認五岳丈　匹配屬龍永百年

乾之巽　生

乾之巽　傷

乾

進親爻象皆健旺　今生一定享遐齡
嚴君沖午是屬鼠　慈母沖戌定屬龍

坎

女命藏胎在坎宮　水旺金生是土刑
夫君必配屬鼠命　方保永遠結同盟

艮

宵小鼠竊

震

八字之中細推求　人生在世不自由
妻宮屬鼠定損尅　再娶屬鼠方到頭

巽
長字五年土運交　官星健旺指日高
民被深恩祝父母　門庭榮耀樂滔滔

離
八字前定理不殊　尅過妻宮是屬猪
再娶佳人屬龍相　一進夫婦百年隨

坤
霜降交節季秋天　高飛鴻雁往南旋
靈胎誕降九月內　二十四日親意歡

兌
棠棣茂盛枝葉繁　兄弟八人一排連
手足宮中分次序　算君定是第三郎

乾之巽　傷

乾之巽　杜

乾

秋來景物光陰好　西風飄葉梧桐早

生長七月二十四　玉露仙花銀漢巧

坎

運行丙辰大吉昌　職增爵進價無雙

勅賜恩光多福澤　廣施善政姓多揚

艮

土氣重重金玉藏　蟠桃獻瑞兩枝香

姐妹二人身居長　原來不是一層娘

震

命中註就尅妻宮　若是屬蛇定归陰

再娶大龍為夫婦　方是百年偕老人

巽 甲申運仔細推查　福與禍兩路交加
上五年樹頭菓實　下五年總是空花

離 父母宮中一爻旺　一爻數定主休囚
母命屬狗归泉下　父親屬猴在世留

坤 三十一二歲悔

兌 八字排定命中秋　雙親庚相問因由
嚴父屬鼠子年降　慈母屬狗戌歲留

乾之巽　杜

乾之巽　景

乾　三十一二歲動凶

運行甲申主生災　也有憂悶也損財

坎

上五年來多不利　下五年間慰心懷

艮

八字妙理少人知　先天神數識天機

君家二十九歲上　必定採芹入泮池

震

進親母命是屬龍　黃泉身入已無踪

父命主定屬猴相　福無量兮壽無窮

巽 離 坤 兑

巳日子時貴無窮　玉堂仙境接蓬瀛
合主榮華多富厚　金章紫誥拜皇恩
嫂親之相定得真　母藏離卦必屬龍
若問父文衰與旺　鼠年之上把身生
牡丹花放映天紅　落地靈胎女降生
父年正交三十九　果見虺蛇入夢中
蟠桃枝上桂花香　雨過園林景色芳
生辰五月二十四　胎泥沐泥見親娘

乾之巽　景

乾之巽　死

乾 坎 艮 震

秋后衰草又逢霜　人生在世空自忙
六十五上大限到　一夢黃粱去西天
甲日子時步青雲　五福臨門喜氣生
天賜祿馬金玉貴　垂紳縉笏紫衣臣
運行甲申數不通　破財惹患禍頻生
牧拾下罕風浪起　日出雲遮霧又朦
雉入大水化為蜃　雪梅開放小陽春
閏十月生初五日　雙親歡喜謝神靈

巽　翻舌如波心性靈　日會來南北往人
過客大店開一座　貨積如山利不輕

離　桃花灼灼映日紅　丹桂堂前子結成
生辰三月二十四　進親歡喜謝神靈

坤　大運交來至丙辰　定該災患及其身
幸有制伏煞星退　危轉平安禍不生

兌　三十一二歲吝

乾之巽　死

乾之巽　驚

乾　坎　艮　震

運行乍交到丙辰　日離滄海霧猶朦
漸到中天陰退散　九州四海盡沾恩
四柱生來格局清　皇恩身受爵多增
運至定享雜職位　官居經歷有聲名
卦裏推查父母宮　母親誕降鼠年中
天一生數父命水　桃花開放葉青青
蟠桃枝上桂花香　一陣春雷遍地揚
生長正月二十四　雨至園林景色芳

巽　運行吉地喜事添　子息遲早非偶然
妻宮正當三十五　生子傳家福祿綿

離　三十一二貞吉

坤　大運行來至甲申　隄防災禍把身侵
中天月到雲遮蔽　桃杏花開遇晏風

兌　十六七歲命不高　突禍臨身心勞受
嫩花初綻遭冷雨　就是鐵石也難消

乾之巽　驚

乾之巽　開

乾　大運交行到甲申　出入交朋遇貴人
一門喜氣添人口　事事和諧俱稱心

坎　流年行至七十一　此年生子更出奇
雨後枯木嫩芽現　麟兒天賜報君知

艮　后天推查度數中　此命主定受苦辛
耕讀事業全不做　憑得手藝度生平

震　芝蘭出土異群芳　兄弟宮中有六行
內中定有富貴命　亭亭獨步顯門墻

巽 離 坤 兌

父親生在鼠年間　父命身已入黃泉
留下屬狗賢良母　在堂獨自守孫孀
十七十八氣象新　添財進喜衆人欽
私謀官幹多吉利　家門康泰享和平
玉景堂前出繡房　共衾同枕兩鴛鴦
妻宮屬鼠甲子相　海中金命桂花香
大運交來至丙辰　栽楊插柳已成林
棟樑材足人間用　廣廈高樓指日興

乾之巽　開

遯

後天乾之艮

乾之艮　　休

乾

乾卦原來是老金　遇火定是主尅刑
堂上必然先去父　父命龍相母蛇庚

坎

大運交來至戊申　無端口舌起家門
必有官災破財事　驚恐顛險亂紛紛

艮

陰陽走錯禍病臨　今生必是帶身破下上
人生皆有指十个　你却缺火屋難伸

震

風搖楊柳樹梢鳴　室人定然有一刑
再娶龍相為夫婦　百年和合趣心情

巽

運行戊子甚豐隆　江內行船過順風
人畜茂盛陰隲廣　暮景堂前福祿增

離

高飛鴻雁過長江　前后來賓思故鄉
兄弟四人同一母　此命居長不尋常

坤

季秋交節鴻雁來　籬邊黃菊亦花開
誕降必在閏九月　一十五日離母胎

兌

父命沖子母沖午　屬馬為父屬鼠母
椿萱並茂壽齊眉　蝴蝶花間作對舞

乾之艮　休

乾之艮　生

乾

水澤腹堅號孟冬　朔風冷淡罩乾坤

生你元辰十二月　中旬十五到堂中

坎

君家知命不須愁　妻財子祿卦中求

長男立定屬鼠相　鳳鳴遷喜自悠悠

艮

女運交轉至庚辰　萬里無雲月正明

錦上自有添花者　雪中不少送衣人

震

棠棣花開最茂隆　手足宮中有八人

況序數定君居首　生你却是一母親

巽

尅妻宮羊相之人　再娶龍相旺家門
前后恩情同一愛　戌進美滿永同盟

離

五行宗範數中真　進親一相保安寧
算來皆是屬鼠命　白頭相伴壽如松

坤

氣象崢嶸

兌

松柏精神耐冷冬　二親一定享遐齡
試問嚴慈何相好　母氏屬猪父屬龍

乾之艮　生

乾之艮　傷

乾　木待春

中道江河忽斷流　妻宮尅去是屬牛

坎

重婚再配屬龍相　方許相守到白頭

五年申字命源通　脚踏雲梯頭掛紅

艮

事君曲盡人臣禮　愛育黎民有遠聲

命秉天地居五行　父母宮中推算清

震

椿庭合丑是屬鼠　萱堂合未馬年生

巽 離 坤 兑

巽卦之內細推評
毋命屬馬先归土
進親位上定命宮
配毋小龍無移易
比目魚遭猛浪分
前世姻緣今世定
胡風凛凛小陽春
生長正當十月內
乾之艮　傷

進親位上有一刑
猴父在世享遐齡
父親該是屬大龍
寿比南山四皓公
夫君剋去屬龍人
何必空房埋怨聲
斗柄建亥是孟冬
一十五日降君身

乾　坎　艮　震

乾之艮　杜

陰陽順逆定世間　手足宮中仔細參
姐妹五人不一母　次序之內你為先
乾坤位上細推求　破害刑冲不自由
冲午鼠母陰曹去　合巳猴父世間留
戊子運中有不泰　先后原來數不同
戊字五年花開茂　子字五年燈久明
父母宮中仔細參　先天造定論陰陽
嚴君龍相辰年降　老母原來豬相當

巽

人生禀命天地間　進親均在巽宮藏

陰陽順逆通歸數　衆歲生身丑午艮

離

露冷風清月桂盈　嫦娥送子到紅塵

靈胎滿足降人世　八月十五下天宮

坤

戊申運臨事事通　靈根無種自天生

喜沐聖恩位遷轉　蓁蓁福禄顯若名

兌

十五六　无大咎

乾之艮　杜

乾之艮 景

乾 坎 艮 震

流年半世俱平庸 四十五歲命源通

幸得泮水文星助 脫白穿藍光祖宗

朔風起兮水始冰 雉入大水化為蜃

誕降原在閏十月 初一靈胎落地中

庚日庚辰時最祥 不是尋常田舍郎

高車駟馬居衙署 后日朝中伴君王

交節孟夏有薰風 腐草不久已為螢

六月十五生人世 晚景榮華福祿增

巽

查對進親到巽宮　陰陽剖判時刻真
試問椿萱何庚相　母屬小龍父大龍

離

十五六歲小有悔

坤

運行戊子卦爻詳　吉凶各半不同觀
戊字五年龍蟄上　子字五年入深潭

兌

此刻生人晚景佳　萬事吉慶永無差
母年一十零九歲　堂前喜產一枝花

乾之艮　景

乾

運行戊子主災殃　破財口舌欠安康

一生駁雜顛險處　忍氣吞聲怨地長

坎

人生殘疾是前緣　地暗天昏兩目寬

月滿日中都不見　青紅藍禄聽人言

艮

三春雨足花開早　一陽已動艮卦間

若問子宮何歲立　妻年交至二十三

震

十五六歲无答

巽　離　坤　兑

孟夏節交蚯蚓出　斗柄建巳螻蟈鳴
月下四上正當十五日　靈胎滿月母子分
此命推算壽如何　八十一歲夢南柯
寒江獨釣归時晚　一陣狂風動輓歌
乙日辰時格局清　名登天府有洪聲
算來不是凡間士　玉殿金階輔聖君
大運交來至戊申　惡星臨爾禍頻生
辛君忍耐心多苦　可保平安不遇凶
乾之艮　死

乾　坎　艮　震

乾之艮　驚

乾卦推來父母宮　生身之母是為龍
地二生數父命火　坐看蘭桂振家風
倉庚聽得樹梢鳴　楊柳枝頭色放青
二月正當十五日　沐浴胎泥見母親
父母宮中仔細尋　先天數定有升沈
父命屬鼠先歸土　母親屬馬在堂存
四十八九數不通　風前燈燭恐難存
不是傷人便有事　災殃定主及君身

巽　十五六永貞吉

離　運行戊申離卦詳　良馬展步上高山
日進無強加猛力　方能陟嶺又登關

坤　春來處處盡花開　遍地陽和煖氣催
二十三歲生一子　五行註定命中該

兌　運交戊子數多乖　月到中秋雲未開
必主破財長有悶　悶是悶非口舌來

乾之艮　驚

乾之艮　開

五行之理仔細詳　恩承天地戴三光

父年二十零三歲　降君人世一棟梁

乾

可恨時乖運不通　蘭房配遇五佳人

坎

自今都作陽臺夢　何怪東君淚染襟

艮

雙親之相卦中詳　此命難能兩位長

龍父先為泉下客　母親猪相守空房

震

行運交來至戊申　人間大務已隨心

勸君高臥東山上　自在逍遙樂太平

巽

四九五十喜無邊
萬朵鮮花開雨后

離

運交戊子吉星臨
富貴榮華天自降

坤

父母宮中同一相
父親屬鼠先归土

兑

並頭蓮放喜和風
妻命配合沙中土

乾之艮　開

事事亨通心自安
一輪明月照雲端
魚躍深淵鳥在空
豐盈財利滿堂金
算來生死却不同
母親同相伴孤燈
一枕鴛鴦同枕盟
丙辰年生是屬龍

否

後天乾之坤

乾之坤　休

乾

人生立子喜非常　命裡先花后得男
若是頭胎先立子　許為僧道認乾娘

坎

此命一生定發財　時乖百事不遂懷
運至戊申恩星照　出入經營有福來

艮

大運交臨交戊辰　破財口舌有災星
命蹇時乖休妄作　恐招官事及其身

震

一隻鴻雁立江濱　同氣同聲相應鳴
兄弟二人你是次　算來該是一娘生

巽

正鼓瑤琴忽斷絃　婦亡重娶又團圓

佳人已定尅二个　三房屬鼠保平安

離

父母宮中定得清　父親必是猴年生

母命冲子屬馬相　俱是百年不老人

坤

知覺運動也皆能　心上無竅性不靈

世上之事全不曉　昏昏悶悶過一生

兌

八字原在五行中　暮景堂前丹桂榮

生辰主定十一月　初一生人福氣洪

乾之坤　休

乾之坤 生

乾 鳳翔千仞

坎 妻命冲寅是屬猴
今生剋去不能留
再娶佳人屬鼠相
方保永遠到白頭

艮 長子命在猴年生
先天主定是庚申
果然二子堂前立
各自芳菲顯大名

震 雲淡風高水細流
母親屬鼠父為猴
遐齡不比南山老
人似黃花綻菊秋

巽

天邊鴻雁過長江　嚦嚦嘹嘹排作行
弟兄六个自居四　生你原來是一娘

離

黃菊開花正茂隆　南樓雁過往江東
陶公未賞中秋月　正是九月初一生

坤

女運壬子最為佳　作事亨通定起家
喜面常對菱花鏡　無憂無慮實堪誇

兌

此造犯了短命星　萌芽初出斧斤刑
十歲未滿閻君喚　父母何必怨天公

乾之坤　生

乾之坤　傷

乾

鴛鴦一對兩分張　剋去夫君屬鼠郎
也是命裡該如此　何必吞聲怨上蒼

坎

坎卦推來父母宮　母親羊相定先終
龍父有寿高堂樂　撫養蘭桂大芳芬

艮

八字先天算得清　妻宮原是虎年生
不料一旦先剋去　再娶鼠相振家風

震

送暑蟬聲冷氣高　梧桐樹上葉飄飄
若問元辰何日降　七月初一見根苗

巽 離 坤 兌

八字排定卦中求　人生在世似水流
母親冲子是屬馬　父命冲寅是屬猴
價值高低心內明　每年身在市廛中
粗粮細粟多多聚　買來又賣是營生
大運辰土最為低　心中抱屈自家知
赤胆忠肝反見貶　親朋替你暗悲啼

驥待伯樂

乾之坤　傷

乾之坤　　杜

乾

庚辰運至最為佳　福祿綿綿實可誇

人才濟世家聲振　職位陞遷福祿加

坎

人生挺立天地中　造化莫能逃五行

數定父親屬猴相　慈母屬鼠子歲生

艮

艮卦之中數最奇　查來父母主悲啼

萱堂尅去屬牛命　屬鼠椿庭福壽齊

震

此刻生人定得明　立子當于火土中

若是金木難能老　不久郊外去尋蹤

巽

榴花開放似伙紅　斗柄建午五月中
生辰主定初一日　父母夢兆應羆熊

離

三十一二无大咎

坤

運轉戊申坤卦爻　吉凶互見不為高
上五年兔就三窟　下五年烏覆其巢

兌

棠棣花開枝葉香　雙雙兩朵各芬芳
姐妹二人你身小　原來降體不同娘

乾之坤　杜

乾之坤　景

運行戊申主大災　若無疾病定　財
熬煎之至心頭悶　下五年間乃遂懷
桐樹開花葉尚遲　西風吹動子規啼
桃杏枝頭黃鳥舞　生辰三月初一日
日躔星紀是仲冬　雪花飄落滿乾坤
閏十一月十一日　父母堂前見汝身

乾
坎
艮
震　三十一三小有悔

巽

格局威嚴禄馬强　才高品重姓名揚
官居外簾按察位　執掌人間生死權

離

一朵鮮花降人間　虺蛇入夢小吉祥
若問女命何日降　毋年二十七歲當

坤

辛日戊子貴無窮　必是英豪仕路人
高車駟馬人欽仰　門戶光輝耀祖宗

兌

筭你心强命不强　功名路上果然難
今生要得採芹喜　一定年交五十三

乾之坤　景

乾坎艮震

乾之坤　死

丙日在生子時中
食祿千鍾貴難比
格局清秀貴非常
鄉會殿試皆得意
東風解凍是新春
堂上椿親見汝面
今生已定寿元洪
八十九歲終天祿

格局清奇人上人
定作皇王砥柱臣
才高班馬飽文章
探花及第姓名揚
元旦呈祥斗建寅
新正初一下天宮
試問寒江白髮翁
一夢黃粱去到陰

巽 三十一二无咎

離 大運交來至庚辰

疾風不作虛生浪

夜夢之間最吉祥

坤 妻宮年至三十一

戊申運裡最不祥

兑 作事憂疑多阻滯

乾之坤 死

正似行船江海中

只是前行禍不生

熊羆應兆喜非常

洞房吉產一兒郎

隄防財散有災殃

月被雲遮不顯光

乾之坤　驚

乾

熊羆入夢夜間來　洞房添喜結成胎
三十一歲紅鸞照　生子傳家喜趣懷

坎

三十一二永貞吉

艮

命中困苦空下淚　出得門來怨天地
無食無衣受凍餓　見人乞討一文錢

震

運行乍交至庚辰　燕子三春出卯中
畫堂飛舞長全翼　萬里江山一翅騰

巽

十八九歲大不祥　破財口舌身難安
也主病疾時常有　猶恐小人暗使槍

離

運行戊申禍相生　突害主定又來侵
失財喪物人口病　幾番顛倒有憂驚

坤

父對寅宮是屬猴　誰知刑剋入黃卯
母氏冲子屬馬相　孤燈獨伴淚長流

兌

歲寒始見松柏青　父親本是木命人
母命冲午屬鼠相　福祿攸同自然豐

乾之坤　驚

乾之坤 開

乾 坎 艮 震

逢親位上細推詳 八字定然有剋刑
父命屬猴先归土 母氏屬鼠受恓惶
十八九歲吉事臨 聰明才辨貴人欽
少年得意人間重 財祿迎門自趣心
此命生得硬如鋼 娶下妻宮命不長
洞房一連剋九个 今生十次作新郎
戊申運內福氣生 一天雲退月光明
名高利達終身美 所作所為萬事通

巽 離 坤 兌

庚辰運交百事全　悠悠福禄享長年
名利塲中且住手　不然駁雜大傷元
姻緣原是前生定　為人難得强求成
妻宮配就霹靂火　戊子相生鼠年中
日躔寿星鴻雁來　仲秋交節桂花開
試問元辰何日降　八月初一貴生胎
命宮主定非等閑　一枝丹桂立中堂
父年三十一歲整　庚相拱照在人間

乾之坤　開

觀

后天巽之坤

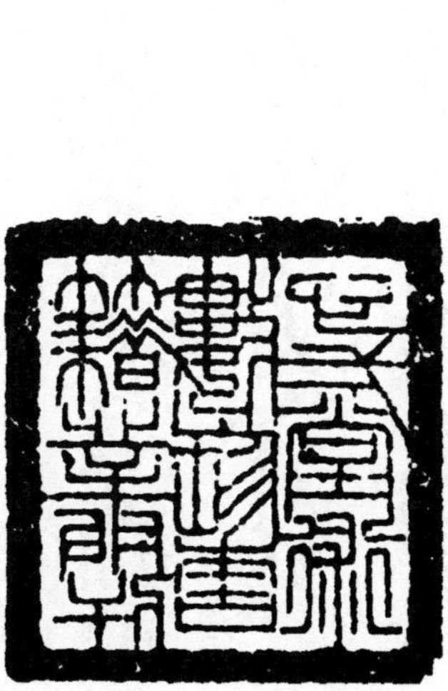

巽之坤　休

乾　坎　艮　震

辛日生在壬辰時
發達不借詩書味
祿馬拱照貴而奇
今生定掌黃堂印
桃花帶雨色更濃
生辰三月二十一
卦中之理玄又玄
母年三十零一歲

洪名直播鳳凰池
棟樑大器奏奇功
聲名直播鳳凰池
陞遷雲路佩金魚
日躍大梁子規鳴
雙親面上笑顏增
人生遲早是前緣
鮮花應候發堂前

巽 三十九四十小有悔

離 雖然文運欠亨通 皇天不負苦心人
君家得意不能早 五十七歲入黌門

坤 山意衝寒欲放梅 衝 朔風吹得小春回
生辰必在閏十月 上旬初二降羅幃

兌 庚子運否泰不同 兌卦中存細推尋
上五年甕破水漏 下五年海晏河清 晏

巽之坤 休

巽之坤　生

君問子息何時生
深根固蔕多年穩
妻交三十五歲中
無沖無破長成人

乾

三十九四十无咎

坎

八字之中仔細尋
祿馬暗照凡趨民（下上趨）

艮

請問功名至何地
數中定就是貢生

震

大運交來至庚申
十年之內却和平
花開不遭連夜雨
耳中那得聽好音

巽離坤兌

今生主定寿源長　大限如至九十三
歸根葉落辭人世　一去陰曹誓不還
庚子運中欠安平　災殃禍患緊纏身
烏飛雲裏雙折翼　船到江心斷了篷
日躍蝦嘗獺祭魚　三陽開泰正逢時
正月下旬二十一　房中沐浴洗胎泥
丙字日干時壬辰　少到金階玉殿行
遨君得寵自榮顯　居高養厚甚崢嶸

巽之坤　生

巽之坤　傷

乾　父命屬鼠寿不長　已到荒郊入土間
有祿老母孤單守　他命原來是屬羊

坎　二十六七流年凶　疾病災殃暗害身
好花開放逢冷雨　行船遇上頂頭風

艮　三十九四十永貞吉

震　運交庚子欠亨通　弓軟難能射鵠中
蘇子說秦王不納　担書負笈一場空

巽　離　坤　兌

運行乍交至庚申　魚在淺水困未直
漸漸遊入滄海去　霎時變化萬人驚
父母宮中一爻晦　椿庭天三木命人
若問萱堂是何相　後天註定是屬龍
時乖運蹇恨天公　片瓦顆粱何處尋
藜藿不充貧徹骨　徒生懊惱枉傷心
花開結菓是奇珍　丹桂庭前瑞氣生
君歲交來三十五　兒郎得立長成人

巽之坤　傷

乾 坎 艮 震

癸之坤　杜

蟄蟲坯户仲秋天　玄鳥歸時桂花鮮
生辰已定閏八月　二十一日落塵緣
大運交來壬庚申　積土為山勢已成
憂慮不生知足好　收綸罷釣樂餘生
二十六七流年通　時來自有好事逢
有意栽花花結菓　無心插柳柳成林
鴛鴦相會碧池中　隨著波瀾上下鳴
配定佳人大林木　戊辰年降是屬龍

巽 離 坤 兌

運交庚子百事成　人逢喜氣倍精神
藍田有雨生良玉　天際無雲日月明
若問君命何時生　父交三十五歲零
丹桂庭前挺然秀　門上懸弧百室盈
四桂推求子息宮　此命有子也難成
請看他日身終候　他姓兒郎送到塋
父親屬鼠子午降　身入黃泉不到頭
留下老母悠悠壽　庚相原來是屬牛

巽之坤　杜

乾坎艮震

巽之坤 景

生身母氏何處尋 原来早剋命歸陰
雖有後娘管家業 與你定是兩條心
運交庚子有事無 連發三矢中紅心
家門和順人康泰 問利求名件件成
大運交來至庚申 必有官詞口舌生
得罷手時且罷手 不操心處要操心
棠棣花開枝葉榮 手足宮中原得清
同氣連枝人四个 算來你是第一名

巽

棍打鴛鴦東復西　今生主定剋雙妻
若是後續屬龍婦　魚水和諧永不離

離

雙親位上仔細詳　母氏原來是屬羊
配定嚴君屬鼠命　白頭相伴壽而康

坤

官星本在命中藏　品格端方名姓揚
運至爵祿榮顯體　定坐吏目治一方

兌

四柱推求定命宮　看君貴造幾時生
定是生於十一月　二十一日見雙親

巽之坤　景

髮之坤　死

田獲三品

乾

坎

艮

震

結髮妻宮是屬猴　乙人陰府不回頭

重婚再娶屬龍相　百年諧老是悠悠

春園雨足花開早　秋來紅白滿枝頭

長男若立屬鼠命　後續一弟不須愁

雙親位上是悠悠　父是屬鼠母屬牛

乾坤不老人常在　相欽相敬到白頭

巽

君命之上有一兄　不有一弟耀門庭
算來同父又同母　直與元愷並駕行

離

寒風吹動菊花馨　霜降高松色更清
九月生辰二十一　子母離身壹氣生

坤

文運交來至壬辰　春滿花開雨後紅
千江有水千江月　萬里無雲萬里明

兌

命中凶煞緊纏身　天定難逃大數中
可惜此人亡得苦　無災無病命歸陰

巽之坤　死

巽之坤　驚

乾

急水沖開比目魚　思量暗地苦淒淒

夫君配合為龍相　未到百年兩已離

坎

雙親堂上又屬猴　壽如松柏景悠悠

配定慈母羊庚相　入到黃泉不轉頭

艮

妻宮錯配是屬虎　未到百年已入土

重婚娶定龍相人　洞房花燭樂鐘鼓

震

玉蕊花開白似銀　梧桐樹不聽蟬聲

生辰已定七月內　二十一日母子分

巽　椿萱堂上仔細詳　二人庚相不一般

離　後天斷定難改易　又是屬鼠母屬羊

坤　粮粟到手善轉化　水火既濟鍋內蒸

儀狄仙翁你供奉　吃醉人間多少人

申宮是君大運年　風過園林色不鮮

兌　凡事謀為多不利　赤胆忠心反受怨

枯楊生稊

巽之坤　鷲

巽之坤　開

乾

運交庚申最為良　爵祿陞遷姓名揚

得君寵愛真榮貴　頌聲載道史策光

坎

雙親之相卦中求　全憑時刻兩相投

後天爻就無謬錯　父是屬鼠母屬羊

艮

雙親位上母屬牛　閻王路上不回頭

嚴君有壽樂晚景　他命原來是屬猴

震

此刻生人仔細尋　妻宜水命不宜金

若土火半路必死　是木命兩地相分

巽 離 坤 兌

日躍鵲首鹿角解　黄鸝在樹弄巧聲
正當五月二十一　靈脂落地見母親
三十九四十无大咎
庚子運交論吉凶　美惡原來不等倫
上五年得隴望蜀　下五年失了街亭
對對蛺蝶鬧夕陽　姐妹五人不成雙
次序排來你居長　生身並非一位娘
巽之坤　開

後天艮之坤

剝

艮之坤 休 一

乾 運交戌地事難謂 爵祿蹭蹬心受焦
也主任內長生悶 正似孤舟水上飄

坎 雙親位上仔細詳 斷來土木兩相妨
父命居木是屬虎 母氏居土定屬羊

母氏原來是屬羊 未到百年已先亡
艮 嚴父屬狗居戌地 今生已定壽源長

震 人到窮時把你尋 不要錢時便要銀
架上齊貨當他得物 利滿來送不去尋

巽

蟄蟲坏戶仲秋天，雨后還看桂花鮮。
生辰已定八月內，初一脫胎降堂前。

離

渴驥逢泉

坤

同林鳥被金彈打，妻配屬虎卧黃泉。
若是再娶屬馬婦，方可永遠共持家。

兌

女命今無犯刑沖，相配夫君定歸陰。
請問尅去何庚相，算來定是屬馬人。

艮之坤　休

二

艮之坤　生二

乾　大運交來至庚寅　金木原來不等論
上五年西間有雨　下五年暗室無燈

坎　日躔鶉火溫風至　小暑節交大雨行
六月初一降人間　父母堂前添笑容

艮　母氏原來是屬牛　算來却在卦中求
若問父是何庚相　屬虎生於寅歲頭

震　四千三四元大咎

巽 此刻生人定命宮 妻配必是火與金
若是未難偕老 又主子息不能存

離 飛飛蝴蝶鬧花間 姐妹五人不成双
次序惟有你身小 同父一定不同娘

坤 父母宮中母先衰 算來今已赴陰台
慈母屬牛父屬狗 父在堂上淚盈腮

兑 大運交至庚戌間 爵祿陞遷名姓揚
政績新奇民被澤 忠心赤胆輔君王

艮之坤 生 三

艮之坤 傷 三

乾 辛日甲午特非常　不作凡夫俗士看
腰金衣紫身榮貴　去到朝中伴君王

坎 格局清奇萬人欽　身入仕途大發興
請問君身何職位　独坐知州耀門庭

艮 孟夏節交靡草死　庭候自然王瓜生
若問君身何日降　四月初一到門庭

震 夢兆虺蛇是小祥　人生遲早是前緣
若問女身何日降　丑年正交三十三

巽四十三四小有悔

離

文運不比甘羅早
年交五十九歲上
發名寔像太公遲
始得脫白換藍衣

坤

日躔星紀蚯蚓結
生辰主定閏十月
斗柄建子虎始交
一十二日下九霄

兑

大運交來至庚寅
若到下五年陷看
正如明月被雲朦
天清氣朗四方通

艮之坤　傷父

艮之坤 杜又

乾 子息遲早應有特 君家何必費心機
妻年交至三十七 丹桂枝頭一菓奇

坎 四十三四无咎

艮 今生文運多亨通 長恨詩書負了人
奮志心想攀丹桂 嫦娥閉住廣寒宮

震 運行庚戌卦中泰 多少阻滯在裡邊
幸有吉星相解救 平安和順過幾年

巽 南極星君照命宮
九十五歲辭人世
離 運交庚寅最不祥
船到江心風浪起
坤 仲春之日雷發声
生辰二月初一日
兌 丙日生逢甲午時
榮華富貴登皇路
艮 之坤 杜 夕

今生主壽源豐
百年尽在一夢中
破財惹患重如山
馬走山崖岸失繮
桃花枝上子規鳴
雙親堂上笑顏生
此命主貴大人知
紫綬金章拜御墀

艮之坤 景幺

乾 父親推定屬虎相 動落休囚命不長
母氏健旺享高壽 他命原來是屬羊

坎 三十三一流年山 求名謀利一場空
更有驚擾不順事 春日花開遇暴風

艮 四十三四永貞吉

震 庚寅運交最不祥 隄防小人暗裡傷
失財喪物還是小 又恐六畜大安康

巽

庚戌運交問如何
有朝入得良師手
艮壬未曾受琢磨
白璧無瑕價值多

離

父母宮中一爻晦
慈母本是屬鳥相
一爻推算理數明
父是天三木命人

坤

此命生業奇又奇
倘做得事人不做
不缺食來不缺衣
怎敢與人論高低

兑

人生男女是前因
年交四八零五歲
何必終朝掛在心
生子呱呱畫堂中

艮之坤　景上

艮之坤 爻上

乾 斗柄輪迴建戌宮 看得鴻雁又來賓
黃花開放秋將暮 閏九月內初一生

坎 大運交至庚戌間 旋免成虛身自安
勸君善保悠ヽ氣 不必費心名利場

艮 三十三一流年高 勢如甘泉灌稻苗
馬壯自然亂處走 那怕山高路又遥

震 月老主定姻緣簿 赤繩繫足為夫婦
佳人必是屬馬相 天工火命不相誤

巽 大運交春至庚寅 来 早苗得雨正發興

如賈三倍財源旺 田蠶六畜共加增

離 積善門中后必昌 能羆入夢定流芳

父年正交三十乙 生你呱呱到画堂

坤 女命姻緣今世難 夫君早配必刑傷

前思后想無依望 重婚再嫁保安康

兌 父親生在虎年中 命不堅牢已去陰

留下母氏屬牛相 在堂独自伴孤燈

艮之坤 及上

艮之坤 驚上

乾 四柱生來是天然
生身母親歸陰早
父母也全也不全
必遭繼母續家緣

坎 庚寅運內萬事興
蛟龍得勢與雲雨
東海南山福壽通
望喜求謀往處行

艮 運交庚戌禍來臨
也主破財心頭悶
官詞口舌亂紛紛
進退猶徨受大驚

震 芙蓉出水不染塵
次序排定你三位
兄弟堂堂有四丁
身下生卻是一母親

巽

比目魚遭猛浪風　今生主定剋妻宮

巽之逢之死二婦　再娶定是屬馬人

离

父親屬虎寅年間　母生于未是屬羊

二人皆在高堂上　在丑一定壽源長

坤

此刻生人祿馬強　合成格局姓名揚

官居祿職主簿位　日后陞遷緊刕郎

兑

朔風凛凛正隆冬　雪裡梅花独見青

生辰定在腊月内　初一天仙送凡塵

艮之坤　驚之

艮之坤　閙十三

乾　射準高墉

坎

八字生来定不差　妻宮猴相卧黃泉

再娶雞人屬鼠相　舉案齊眉定擬家

艮

卦爻配合天地人　三才之內求五行

長男立了屬虎相　二子傳家福祿均

震

寅年生父屬虎相　配定兹丑屬牛人

二人同在高堂上　雙々有寿似古松

巽
當空鴻雁滿天飛　兩兩雙雙數更奇
兄弟八人你居小　其中必定有石皮

离
十月初一是君生　堂上雙親謝神靈
一對夫妻長作伴　晚景榮華百福增

坤
女交壬午大吉昌　一運十年有餘糧
隨時四季般般好　閨門之內喜洋洋

兌
韓信當年胯下鑽　當他忍耐保團圓
一朝忽動無名火　打死他人你命完

艮之坤　闕文

晉

後天離之坤

離之坤 休

乾

父居戊宮主受冲 陽世無祿命归陰
老母屬馬天增寿 衾寒枕冷獨況吟

坎

流年二二至二三 事業蹉跎有禍殃
憂悶虛驚紛紛亂 馬陷泥途展步難

艮

三十五六永貞吉

震

戊戌運中數不高 東奔西走心受焦
山頭走馬足易跌 海傍造屋柱難牢

巽

運行作交庚午中　淡雲迷月不顯明
且自遵時善養晦　良玉受琢器方成

離

雙親庚相定得清　父親本是木命人
慈母屬虎無錯謬　坐看槐柳自成陰

坤

頭上帽子戴幾頂　隆冬數九煖烘烘
美色佳人人見愛　好衣好飯用不清

兌

若問嗣息何時生　年交三十三歲中
丹桂庭前結了子　賀客往來鬧紅塵

離之坤　休

離之坤　生

日躔寿星玄鳥归　桂花開放滿庭輝

生辰主定閏八月　中旬十一到羅幃

乾

大運庚午財祿全　百花開放滿門前

生來清節如松竹　稟志凌雲耐歲寒

坎

流年二二至二三　財利盈門喜事揚

艮

天從人願家業盛　一輪明月照中堂

月老係足配姻緣　兩處鴛鴦一處眠

震

佳人戊寅屬虎相　城頭土命細推源

巽

戊寅運裡喜開懷　必有好事進門來
洪水流去平途現　黑雲吹散碧天開

離

熊羆入夢定留芳　丹桂堂前有異香
若問你命何時立　父親正堂三十三

坤

今生姻緣太不良　神前燒了斷頭香
佳人連尅十一个　長呼短嘆怨蒼天

兌

進親位上父爻凶　相是屬狗去归陰
留下老母屬鼠相　堂前獨在伴孤燈

離之坤　生

離之坤　傷

今生欲見母親面　渺渺茫茫何處尋
雖然堂上有一位　算來不是生你人

乾　運交戊戌最為奇　利名之內定不虛

坎　虎嘯山前威勢重　馬行驛路祿方宜

艮　運交庚午官符臨　口舌是非緊纏身
丟財惹氣心不遂　解神暗照一虛驚

震　紫荊花發滿堂紅　兄弟數合品字形
上一兄來下一弟　算就本是同母生

巽　離　坤　兌

春燈鴛鴦戲碧波　狂風迅掃折對多
今生定認三岳丈　續配虎相保安和
排定四柱論五行　預洩天機畏雷公
父狗母馬天排就　堂前均在享遐齡
女從男姓原為正　男從女姓卻異常
顛鸞倒鳳陰陽錯　岳父家中配姻緣
朔風凜凜仲冬天　雪裡梅花耐歲寒
生你正當十一月　中旬十一定胎元

離之坤　傷

離之坤 杜

乾 亭亭獨秀

月老錯配好姻緣 一定抱琴換朱絃

坎 妻宮屬猴非同侶 再娶屬虎到百年

桃李花開果結成 到秋深處顯青紅

艮 長男若立屬狗相 二子傳家福祿均

后天位上定乾坤 爻象健旺二親榮

震 父是屬狗母屬鼠 福如東海壽如松

巽

庭下花開棠棣香　手足主定亦同娘
上有二兄下四弟　你命原居在三行

離

季秋天氣過重陽　菊有黃華晚節香
生辰九月十一日　脱離靈胎見親娘

坤

女運交來至壬寅　芙蓉開放滿地中
錦上天花多絢爛　笑對妝臺百福臻

兌

三星惡耀照命宮　無病無疾便死人
也是前生數已定　合家不必痛傷情

離之坤　杜

離之坤　景

乾
匹配夫君屬虎相　已作黃泉路上人
也是前生造就得　何必吞聲怨天公

坎
后天斷定母屬羊　及今身已夢黃粱
嚴君屬馬無移易　福如東海壽如山

艮
鷗鷺紛紛不共盟　佳人屬虎命归陰
后娶又是屬虎相　百歲光陰百歲同

震
玉蕊花開孟秋香　蟬聲嚦嚦在樹間
生辰已定七月內　十一靈胎落下凡

巽 五行排定四柱分 卦爻推算你雙親
父居戌位狗年降 母居午地馬歲生

離 飛鳥聞香能化鳳 遊魚得味便成龍
今日賣了紅衣裳 明日又賣甕頭清

坤 大運交到午火中 官星掩昧不光明
不是苦差便離任 憂愁煩惱惹虛驚

兌 艮玉待價

離之坤 景

離之坤　死

乾

大運庚午官星强　良玉得價世無雙
可羨民之真父母　廉貞惠愛不求貪

坎

椿萱位上卜吉凶　全憑時刻定得真
父是屬狗戌年降　母是屬鼠子年生

艮

母命原來是屬牛　去到黃泉路上遊
獨留馬父高堂臥　暗地鼓盆帶煩愁

震

此刻生人定命宮　妻配金火有刑冲
惟是土木能偕老　若是水多子不成

巽

日躔鶉首螳螂生　郊原之外鵙始鳴

若問君身何時降　五月十一降庭中

離

三十五六无大咎

坤

戊戌運至卜吉凶　爻象排列最顯明

上五年高樓吹笛　下五年曲巷開弓

兌

海棠芍藥勝芙蓉　姐妹不是一娘生

風流俊雅人四位　算你原來是頭名

離之坤　死

離之坤 鶩

戊戌運中仔細查 否泰原來兩交加
上五年黃鶯落瓜 下五年鼯鼠穿牙
雨足郊原麥隴青 柳陰深處燕聲濃
借問元辰何日是 三月十一降凡塵
隆冬數九雪紛紛 松竹梅花獨見青
生辰主閏十一月 二十一日下天宮

乾

坎

艮

震 三十五六小有悔

巽

格局尊嚴超萬民　官居四品正途中
今日還是道台位　他年榮寵到王京

離

春風擺動柳條狂　洞房之中女見娘
若問你當何時降　母交二十九歲間

坤

辛日寅時最英豪　胸襟洒落氣象高
寶雞山前獲拱璧　鳳凰城下釣靈鰲

兌

上天有路步階梯　可惜文齊福不齊
年甲交至五十五　方得換藍脫白衣

離之坤　鷩

乾　坎　艮　震

離之坤　開

丙日寅時祿馬全　格正理實不須言
終駕靈槎上天去　浪蕊浮花且讓先
妙悟不凡功苦深　八股文章做得精
那與附增較優劣　食祿雖大稟膳生
三陽春至萬物興　生意悠悠魚負冰
你命降在正月內　中旬十一見母親
借問花殘鶯老日　乘鸞駕鶴上昊天
大限定到九十一　桃源有路去成仙

巽　三十五六无咎

離　坤　兌

運交庚午仔細評　吉凶禍福兩分明
禍不禍兮福不福　吉不吉兮凶不凶
花開結果風擺去　到得深秋顯青紅
佳人三十零三歲　洞房生子自然成
戊戌運中惡躍纏　百事蹉跎心不安
莫嫌命裡有啾唧　過了風浪穩駕船

離之坤　開

大有

後天離之乾

離之乾 休

乾

雨洒郊原濕上綠 紅鸞照命立子息

若問君身何日降 二月下旬二十一

坎

疾風經過知草勁 歲寒方顯松柏青

大限直到九十九 西天路上不回程

艮

五十二无咎

震

庚午運至不為高 提防破財口舌招

雲遮月被光明少 醉漢騎驢過紙橋

巽

大運交來至壬寅　風息波靜水流平
浩浩洋洋入于海　無魚那有下釣人

離

丙日戊戌時貴星　今生合主受褒封
食祿千鍾人共敬　高高出衆有千層

坤

十九二十元吉

兌

丹桂花開枝葉香　空花落盡菓青黃
妻年交至四十一　生子傳家寿命長

離之乾　休

乾　坎　艮　震

離之乾　生

縱有樲棘千百樹　怎敵梧檟一兩株
二子之內出一貴　應與尋常百姓殊
運行乍交至壬寅　良玉抱璞在土中
遇著良工來剝琢　價比連城不枉工
三十八九欠亨通　災殃不少身受驚
眼見財源隔住手　海底撈月一場空
不明不暗進親相　父是天上木命人
卦中再算你得母　一定生在狗年中

巽

大運庚午是非場　破財災患天降殃

荊棘叢中難下腳　虎狼窩裡怎承當

離

芝蘭不比尋常草　要覓真種在深山

流年交至四十一　生子傳家壽命長

坤

五十一二永貞吉

兌

逢親位上定交凶　若是屬馬定歸陰

留下羊母樂晚景　歲月和合百年人

離之乾　生

乾 坎 艮 震

離之乾　傷

榆槐松栢棟樑材　到了你手破折開
加上柙柙使上鏢　棹椅板櫈做出來
運交庚午大出奇　正是英雄得地時
經過險浪舟行穩　香餌安排釣巨魚
大運交來至壬寅　花開結實菓收成
後日莫做從前事　得安身處且安身
若問東君何日生　父交四十一年零
恰應夜間熊羆夢　丹桂庭前瑞氣興

巽　離　坤　兌

五百年前結下緣　鴛鴦兩地一同眠
佳人戊戌屬狗相　平地木命是奇觀
青山依舊水東流　父命屬馬母屬牛
嚴父寿短歸泉下　母氏限遠到白頭
三十八九流年通　人逢喜氣倍精神
田單用了伏牛計　要復齊地顯奇功
日躔大火鴻雁來　飛過瀟浦赴陽台
生辰已定閏九月　二十一日離母胎
離之乾　傷

離之乾　杜

乾

不管兵刑錢穀事　門出公侯將相才
請問君居何職位　身作教授命中該

坎

鴛鴦雨打分離地　結髮佳人不到頭
今生定尅二个婦　再娶屬狗百年秋

艮

大運庚午喜非常　浮雲淨處顯三光
榮華富貴從天降　福祿悠悠歲月康

震

椿萱位上爻相旺　父是屬馬母屬羊
乾坤依舊人難老　松柏梅花耐歲寒

巽

崇棣花開枝葉春　兄弟宮中有兩丁

離

次序排定你居長　生身都是一母親

坤

梅花帶雪味逾馨　斗柄輪回建丑宮

臘月下旬二十一　你命一定下凡塵

兌

運到壬寅主不祥　丟財惹氣受驚惶

必有官詞口舌事　吉星救護免災殃

漁人得密網

離之乾　杜

乾 坎 艮 震

離之乾 景

女運壬戌最為祥　閨門之內喜洋洋
粧臺照鏡菱花潤　五福悠悠四體安
花開棠棣葉層層　手足原來一母生
數中註定人五个　你命居小隨後跟
結髮之妻是屬猴　折散鴛鴦不到頭
重婚再娶屬狗者　許你偕老百年秋
雉入大水化為蜃　天地閉塞是孟冬
十月正當二十一　脱離靈胎見母親

巽

𨗈親庚相數中求　父命屬馬母屬羊

寿比松栢悠悠遠　相敬相欽到白頭

離

爭辨曲直

坤

欲知子息有多少　八字之中仔細尋

長男若立屬馬相　定有二个耀門庭

兑

松茂之象

離之乾　　景

離之乾　死

大運交至地支寅　蹭蹬爵祿欠安平
古鏡不磨塵土蔽　財源易散似浮雲
進親之相數中詳　投了時刻不費難
父命冲牛是屬馬　母命冲丑是屬羊
一爻健旺一爻衰　屬猴慈母化為灰
留下虎父樂晚景　獨自鼓盆歌莫哀

乾

坎

艮

震　十九二十先否後喜

巽 高飛鴻雁過南樓 桂樹香飄是仲秋
生辰八月二十一 晚景崢嶸意氣悠

離 涸魚得水

坤 月老錯配姻緣簿 洞房定剋屬虎婦
再若娶過屬狗人 如膠如漆終牢固

兑 姻緣簿上最不良 夫若屬狗命源長
也是前生定就得 何必暗地自悲傷

離之乾 死

離之乾　驚

庚午運否泰不同　卦爻內仔細推尋
上五年烏飛雲外　下五年蛙落井中
薰風送暑聽蟬聲　荷花開放滿池紅
借問元長何日是　六月二十一日生
人生好似水東流　日夜滔滔不斷頭
試問人間親庚相　父親屬馬母屬羊

乾

坎

艮

震　五十一二无大咎

巽 十九二十靜凶

離

坤

兌

朵朵桃花映日紅 姐妹宮中有九人
數中前定你居二 不是同胞一母生
雙親之象同一宮 父爻吉兮母爻凶
母命屬虎归泉下 父亦虎相在世存
大運変來至壬寅 為民父母起歌聲
受祿不愧邀君寵 的是龔黃秉赤心

離之乾 驚

離之乾　開

辛日戊戌貴難言　三奇拱照五行全

更兼玉龍天馬動　奏績王朝各姓宣

乾

十九二十先喜後否

坎

牡丹花放勝芙蓉　聽得子規弄巧聲

四月下旬二十一　你命端立畫堂中

艮

一朵瓊花下瑤臺　虺蛇應兆喜開懷

震

若問女命何日降　母命三十七歲來

巽離坤兌

五十一二小有悔

甘羅發達一十二　你比甘羅大三春
末白龍門登科第　先到泮池去採芹
水泉動兮鵑不鳴　雪花飄落舞空中
生身正閏十一月　上旬初二見母親
庚午運火尅頑金　尅交內有陂有平
上五年旱苗缺雨　下五年三日甘霖

離之乾　開

坎

后天坎之坎

坎之坎　休一

乾　飛飛蝴蝶繞花間　姐妹宮中似粉粧

三位一排身是二　原来同父不同娘

坎　二親庚伯卦中尋　母氏屬鼠定先終

父命屬蛇春景好　安然享福壽如松

艮　大運丁酉艮卦詳互　純疵互見不同觀

丁字內泉中出水　酉字內月缺無光

震　渭水潺潺東北流　人生那有百年秋

母命屬猪前已定　父親一定是屬牛

巽 毋命原來是屬猪
老父定就屬鷄伯
離 天地始素孟秋臨
七月正當二十日
坤 運交己巳大巽帶
门迎車馬家財茂
兌 五十七八歲悔
坎之坎 休
二

欲見音容喜無
在堂涵淚過居諸
四野嘉禾皆已登
脫离胎元見母親
官星建旺祿馬强
封贈高官名姓揚

坎之坎 生

二

四十二歲看命宮

乾

考試文章多得意

坎卦推算父母宮

坎

慈母屬蛇作大夢

庚日丁丑時上看

艮

必然辰祿居高位

隨來反吾已無声

震

五月巳盡三十月

流年到此大亨通
身入黌門耀祖宗
年命主定不相同
嚴君鶴相萬年春
一顆明珠滿室光
九州四海姓名揚
看得山頭半夏生
呱呱兒泣畫堂中

巽 人生在世似水流
巽卦之中無错謬
離 五十七八動凶
坤 大運丁酉數落空
若要平安財不損
兑 東风吹得子規來
母親行年十六歲
坎之坎 生 三

父親之易卦中求
母只屬蛇父屬牛
多少哭哭難遂心
下五年间自亨通
種植门庭栁與槐
堂前一朶好花開

坎六坎　傷　三

乾　運交丁酉不為佳　是非臨門乱似麻
若不忍耐財源損　正似風雨打殘花

坎　三刑六害命中藏　此刻生人帶破傷
若是滿身無誌　必然早歲見閻君

艮　艮為少男主發金　此爻動時有人降
妻宮年交三十整　喜産一子到門庭

震　五十七八歲各

巽　看得戴真勝修仁桑　月將交躔是大梁
生辰已定三月內　三十冬月見親娘

離　寿元長短數難遷　悪耀加臨疾病纏
七十八年逢大限　黄梁一夢去归天

坤　乙日酉時貴不輕　氣淩霄漢壓千人
喜沐君恩思報國　居官清正有声名

兌　運行交至己巳年　淺水之內去行船
不徐不疾行難緩緩　何至損折受熬煎

坎之坎　傷　又

坎之坎　仕人

乾
雙親之相乾卦求　世命原來是屬牛
父值比交多生悔　把二生次不須愁

坎
蟄蟲始振是孟春　日躔娵訾斗建寅
生辰已定正月内　三十日尽見母親

艮
妃央相會甚相親　喜事重重俱有成
妻年交至四十八　方保生子妾润存

震
四十二三不爲佳　半閑半卸雨中花
喜事不來凶事有　勸君急速早離家

巽 五十七八 貞吉

離 運行亥至巳已中
直待修為時日久

坤 好花開放子孫成
門前榮耀風光美

兌 大運丁酉數逢奇
丟財惹氣人口病

坎之坎 杜 凶

出外鳧雛羽未豐
鵬程萬里一朝通
二十年間養一童
父母堂前長笑容
正似月出被雲迷
存心忍耐得便宜

坎之坎　景幺

乾 枝頭丹桂好花開　仙子臨凡下玉階
若問君身何日降　父年二十歲丁未

坎 狂風吹壞嫩荆枝　手足宮中數不齊
兄弟七人有帶破　賢良以外有頑愚

艮 還又觀位上問真途　世及原來是屬猪
父命必是屬牛相　身入黃泉踪跡無

震 大運已已到殘年　財利豐盈后盡全
釋去肩頭重大担　勸君自在保其天

巽

流年四十三四間　順水推船渡工関

三箭天山誠可定　功高賞重姓名揚

離

運行丁酉太歲逢　火逢夏日木逢春

隨時四季般般好　六畜田蠶俱有增

坤

兌

對對妃夾水工流　人生虛度幾春秋

妻命配合涵下水　丁丑年生是屬牛

坎之坎

景上

坎之坎　死上

乾

親生見子半路崩　留你在世好傷心

坎

積德之人不乏后　有孫送死到墳塋

艮

仲秋之月雷納声　不久鴻雁即來賓

閏八月當三十日　沐浴胎泥見母親

震

大運下酉百事成　邊　滾滾財利到門庭

舉手摘下天邊桂　挽弓一箭貫雙鴻

巽 己巳運中甚不佳
作事拂意之難逵

離 妃央相會在池塘
妻命必然尅一个

坤 父親之命是属牛
留下属蛇生身母

兑 庭前花發紫荆系
次席之中你为首

坎之坎 死 上

烈風猛雨打殘花
官詞口舌乱如麻

漁子未驚夢裡系
再娶属牛寿源强

已入黄泉不轉頭
独守孤燈淚暗流

兄弟二人同一娘
各自持家耀门墙

坎之坎　篇上

乾
人生若問退親相　母命屬豬父屬牛
后天已定難改易　遠久相守到白頭

坎
女運辛丑最吉昌　十年健旺有餘粮
人逢喜氣精神爽　月到中秋分外光

艮
平潭下釣（平）

震
金風蕩蕩正逢秋　生死由天莫强求
佳人屬羊難偕老　再娶屬牛方到頭

巽

枝頭丹桂花開好　樹上蟠桃結菓稀

天賜孫兒只一子　卦爻推定是屬雞雞

離

棠棣花開茂又隆　弟兄本是一娘生

雁行排定人六个　你在后邊緊隨跟

坤

日躔星紀雪花飄　斗柄建子虎始交

生辰原是十一月　三十日尺下九霄

兌

天邊鴻雁排成群　兄弟本是一娘生

伯仲叔季人四个　你居仲位第一名

坎之坎　驚　三

坎之坎 開上三

乾 日躔大火是重陽 菊花開放滿籬邊
九月已盡三十日 洞房之內見親娘

坎 運交巳戌犬與逢 五福悠悠自天申
朝陞之上承恩寵 廉而不費播芳名

艮 夫君配定屬牛相 相守未老從命終
矢志堅守有節操 孤燈獨伴若伶仃

震 母氏屬馬命不長 日落西山不見光
老父屬蛇添壽數 撫成蘭桂滿庭香

巽

結髮妻宮不到頭　原來他命是屬牛
再娶一个屬牛相　方許偕老共百秋

離

芬芳棠棣寔同根　手足原來一母生
下邊只有一个弟　上頭道有六位兄

坤

曹遇赤壁

兌

進親之相卦中求　母氏屬蛇父屬牛
椿萱並茂高堂上　相敬如賓到白頭

坎之坎　開

節

後天坎之兑

坎之兌　休

乾　母氏已作泉下鬼　庚相斷定是屬雞
屬牛之父壽高邁　一時煩惱一時啼

坎　四十一二先否後喜

艮　金風吹送雁聲鳴　月到中秋分外明
天賜一番風景好　正月八月十七生

震　雨打殘花枝葉稀　姻緣簿上主憂悽
夫君半路歸陰府　庚相原來是屬雞

巽

朵朵芙蓉水上開　天生姐妹五人排
次序推定你居二　不是一母降生胎

離

大運交來丑土中　官星隱昧減光明
不是同寅來罣悞　刁民也主冢來侵

坤

江海滔滔不斷流　雙親之相卦中求
後天斷定無改易　父是屬龍母屬猴

兌

正鼓瑤琴忽斷絃　妻宮主尅亦堪憐
室人屬兔歸陰府　再娶屬雞立家緣

坎之兌　休

坎之兑 生

乾

陰陽妙理女人知 後天斷定不能移
若問雙親何屬相 父蛇母虎命無疑

坎

丹桂花開在廣寒 一枝偏舞色俱鮮
父年正交二十歲 蘭房生女定胎元

艮

四十一二靜凶

震

一片仁心腹內存 也積陰功也養身
主定人間生合死 活人濟世出奇功

巽

姮娥苒苒下瑤臺　手足原非一母胎
上有四姐下三妹　各侍夫君各有懷

離

癸巳運中吉凶異　卦文斷定改易難
上五年雨露培養　下五年加蓋嚴霜

坤

時當炎熱半夏天　薰風吹送滿庭前
問君何日降塵世　六月十七定胎元

兌

兌卦前定汝母宮　母親屬兔壽先終
父命屬牛高堂樂　年限悠遠似老彭

坎之兌　生

坎之兑　傷

乾　坎　艮　震

螻蟈應節啾啾鳴　星度交躔是實沈
靈胎滿足降塵世　原在四月十七中
何年女命降塵中　枯樹生花滿院紅
毋年正交四十八　房中產你實如珍
幾度光陰幾度春　西山日落夢沈沈
人生到此花殘謝　七八零二命归陰
癸巳運交時限乖　財氣都傷命不諧
上五年打魚無網　下五年兔起鷹來

巽

志氣淩雲學業勤　恩量攀桂跳龍門

二十六歲恩星照　泮池之内去採芹

離

壬日酉時主貴星　富貴榮華五福生

金殿以上沐恩寵　仕途之内大顯名

坤

四十一二先喜後否

兌

虹藏不見水始冰　嶺上梅花雪裏青

生辰已定閏十月　二十八日下天宮

坎之兌　傷

坎之兌　杜

乾　四十一二元吉

坎　此刻生人受奔忙　小小生意最吉祥
堆金積玉無能望　担的担子走街坊

艮　南極老人入了胎　寿比松柏與古槐
二百歲滿又加十　始到黃郊土裡埋

震　丁日巳酉時上詳　腰金衣紫去朝王
金殿引見沐恩寵　執掌正印顯才郎

巽

運交癸巳時久通　一片墨雲頂上生
日月有明光不照　昏昏悶悶落井中

離

翠竹香梅發嫩枝　開花成實樂嘻嘻
佳人年方十六歲　生子傳家福有餘

坤

二十四五大不祥　月出雲遮忽見光
破財災疾並口舌　一齊掃興到門闌

兌

日躔降婁雷發聲　楊柳樹上倉庚鳴
若問元辰何日降　二月十七到凡塵

坎之兌　杜

坎之兌　景

乾

二十五六好求財　出入謀為趁心懷
旱苗得雨勃然旺　枯木逢春花又開

坎

癸巳運中事有差　諸般瑣碎不為佳
不明不暗中秋月　半吞半吐雨中花

艮

此刻生人定命宮　父母火土主刑冲
妻非金木難皆老　閏月年上子方成

震

牡丹枝上結菓難　熊羆入夢兆最祥
君年交至五十二　天送麟兒寿命長

巽 離 坤 兑

卦中之理最精奇　母命主定是屬雞
若問父命何為美　地四金生永無移
母定申宮是屬猴　壽如松柏景悠悠
父親已位屬蛇相　身及黃泉不轉頭
六十六一流年差　好比風燈雨夜花
不是去財便惹氣　寒霜冷雪一齊加
風擺桃花朵朵搖　總然結菓不堅牢
君命子少獨一個　身有帶破是根苗

坎之兑　景

坎之兌　　死

乾
言人樹老枝葉難　我道枝生葉更光
流年六十六一好　財利盈門福祿長

坎
鴛鴦相會在蓮池　上下飛鳴東復西
佳人命定石榴木　辛酉年生是屬雞

艮
運交癸巳財源豐　五福悠悠自天申
一輪明月空中照　萬朵鮮花雨後紅

震
父命無緣寿已終　他命原來是屬龍
留下屬虎生身母　孤燈獨守暗沈吟

巽

問君何日降生身
一門喜氣從天降

離

黃英菊綻暮秋天
閏九月生十七日

坤

此命曾登龍虎榜
只因身犯皇王法

兌

天生雙手理烏雲
梳髮整眉添潤氣

坎之兌　死

父交五十零二春
晚景榮華福自增
陣陣涼風暮景連
父母堂前笑顏添
鹿鳴宴罷赴瓊林
革去進士悔在心
清秀堂中可立身
剃頭取耳長精神

坎之兌　驚

乾

天地生人貴又尊　掌管天下第一人
世上萬萬貴無比　霞光紫霧繞君身

坎

雁過南樓陣陣鳴　花開棠棣有光英
同氣連枝親手足　弟兄兩箇你為尊

艮

正調琴瑟斷兩絃　室人主定命不堅
三房再配屬雖命　方許偕老到百年

震

日躔元枵雁北鄉　雪花飄飄滿山川
若問你命何時立　臘月十七到人間

巽　父命為蛇母命猴　天長地久百年秋
卦爻主定乾坤泰　始見先賢心法留

離　良驥遇百樂

坤　運行癸已主榮華　進喜添財百事佳
龍入海底生頭角　虎在山林長爪牙

兌　女運乙已大吉祥　該遇喜事兩三番
閨門並無災與病　人口興旺百福長

坎之兌　驚

坎之兑　開

乾　坎　艮　震

丹桂庭前結菓奇　多多少少卦中知
長男若立屬蛇相　三子庭闈問禮儀
父母宮中定得清　蛇年本是父生身
母命冲申屬虎相　堂前均在享遐齡
天邊鴻雁過長江　兄弟五人一排行
次序之中你居四　生身原來是同娘

空其囊橐

巽 離 坤 兌

地氣下降天氣升　日躔析木水始冰

君身何日降塵世　十月十七下天宮

一對鴛鴦兩意同　夫妻俱是屬蛇人

丹桂堂前同結子　牡丹花下長芙蓉

同枕鴛鴦兩地棲　尅去妻宮是屬雞

重婚又是屬雞相　方能舉案許齊眉

此命生得性似鋼　敢作敢為又敢當

狼虎窩裏也不避　何怕遍地埋刀鎗

坎之兌

開

屯

後天坎之震

乾坎艮震

坎之震 休

今逢喜事上眉峰 再整芙蓉月倍明
生辰七月初九日 綠槐枝上聽蟬聲
運交丁丑大異常 爵祿陞遷名姓揚
命宮榮泰吉星照 推挽青雲直上天
桃杏花開朵朵香 姐妹八人不一娘
領袖群芳當作首 你為第一占春光
尅妻之命不自由 人生何必苦貪求
結髮佳人屬蛇相 尅去再娶是屬牛

巽 乙巳運否泰不同　選卦內推斷吉凶

上五年高樓望月　下五年井底撈冰

離 人生好事水東流　母氏屬狗到荒邱

留下屬蛇父在世　雪裡梅花萬年秋

坤 二十五六悔

兌 日出東方尚落西　人生難得數相齊

乾坤幸遇同一位　堂上椿萱並屬雞

坎之震 休

坎之震　生

乾　二十五六動凶

運交乙巳亂紛紛　多少愁懷難趁心
若要船行漸漸穩　下五已守可安平

坎　窗頭經史費心機　要折蟾宮第一枝

艮　大運行年二十六　果然脫白換藍衣

震　母親壽短入申　他命原來是屬龍
嚴君定就屬龍相　種植芝之蘭枝葉青

巽命中之理最精神
青紅黑白並黃紫
離春光明媚是何期
光陰似箭催人老
坤梅花結實在寒冬
父年正交三十六
兌荷花萌動百草生
生辰五月初九日
坎之震　生

此刻手藝養其身
油遮漆罩異樣工
母氏屬兔父屬雞
日月如梭山海齊
虺蛇發兆夢中真
房中吉產女佳人
楊柳枝頭杜鵑鳴
喜氣常加百祿增

坎之震　傷

秋来鴻雁叫淒〻　有限光陰有限期

方交六十零二歲　珠淚紛〻暑落西

乾　坎　艮　震

性似張飛猛烈公　一生有福不成凶

粗中有細人難比　生平不落下人風

運行乙巳難主張　屢年紛紛事業慌

快馬連過連陰站　短箭軟弓空自傷

數九寒〻天雪景奇　梅花香發兩三枝

己育正閏十一月　十九原是你生期

巽

托貨求財利澤深　貴人扶助得和平

推上小車遊四海　石崇金谷好經營

離

依依綠柳子規喧　雨露天垂色發鮮

生辰三月初九日　一輪明月照堂前

坤

運交丁丑吉凶論　对待陰陽此卦中

好似悠悠春日景　不寒不煖最和平

兌　二十五六吝

坎之震　傷

坎之震　杜

乾　坎　艮　震

運行丁丑似登山　何月何年來上關
吾勸君子須加步　青天方可望仙寰
天月德星照命宮　清奇局度萬人欽
運至必分皇上祿　知州職位有声名
桃李多春遇暴風　正枝結菓不能成
蘭房疊疊方生子　妻妾重重家道盈
日躍嫗訾魚負冰　斗柄輪迴已建寅
生辰正月初九日　華堂添喜一家春

巽

八字推查算得真　子孫遲早定前生
妻宮行年三十二　洞房產下一兒童

離

二十五六貞吉

坤

運交乙巳欠和平　月到中秋雲霧蒙
出入求財俱不利　隄防宵小暗相侵

兌

五十六七豈堪誇　是非臨逼亂如麻
好似花開遭雨打　百般謀慮不為佳

坎之震　杜

坎之震　景

大運乙巳木逢春　凡事謀為俱趂心
鑾山定遇連城玉　掘地能逢百鍊金

乾

人言樹老不開花　孰料枯枝又發芽
六十八歲祥光見　天賜麟兒旺你家

坎

此刻生人善養身　耳長腿快又辛勤

艮

今生定吃百家飯　全憑巧舌會完成

震

棠棣花開枝葉繁　命該四子耀門墻
内中主定有貴命　鶴立雞群福祿強

巽

金烏玉兔轉遲遲 月望花開桂影虛

父沒母亡雙淚落 算來兩命並為雞

離

五十七八流年安 福祿榮華百事全

家門清泰多興旺 晚景身安壽更延

坤

命犯驛馬主離家 雨雪風霜不管他

因覓些小蠅頭利 營求到處即無差

兑

運行丁丑到殘年 蠶婦多桑農穀添

凍餒不愁衣食足 逍遙自在樂堯天

坎之震 景

坎之震　死

台天查對寔可傷　沖壞學堂少年狂
無志高登科甲路　西地捐職姓名揚
父母宮中父屬雞　父及黃泉長已離
母氏定就屬蛇相　在堂洒淚暗悲啼

乾　坎　艮　震

石上芝蘭發最難　栽培雨露潤其香
請問君身何日降　父年六十八歲間
此刻生人苦又堅　一心要獲世間錢
勞力勞心窮手藝　終朝每日把貨編

巽

仲秋交節雷聲收　羣鳥旋看來養饈

閏八月生初九日　父母堂前喜笑留

離

運交丁丑數逢空　必有災患到門庭

官詞口舌心納悶　百方忍耐禍不侵

坤

偶然箭中鵠之正　驀地前途遇貴人

偕著仙郎归玉闕　茵蘿枝上總宜春

兑

乙巳運中事業昌　天從人願降吉祥

名成利就門迎瑞　家道豐盈凡事康

坎之震　死

乾　坎　艮　震

坎之震　驚

命主剋妻不自由
不然要死四个婦
梅梢月上竹更青
十一月生初九日
五行推算洩天機
若問令生寿長短
女運丁丑大吉昌
隨時四季般般好

頭妻必要娶屬牛
五房丑相始能留
朔風凜凜正隆冬
始見婆親長笑容
父母雙雙俱屬雞
白頭相守不相離
鼠入倉廒有餘粮
月到中秋分外光

巽　努箭離弦

黃金白玉非為貴　子立屬蛇命元强

離　孤身獨自無倚靠　晚景堂前名姓揚

鴻雁高飛有遠聲　紫荆樹下振雙翎

坤　兄弟三人又同母　次序排來你是尊

兩歧兆慶麥同莖　父母宮中吉耀臨

兌　落地胎胞人兩个　你為地兮彼為兄

坎之震　驚

坎之震　　開

乾

后天卦上定來清　手足繁昌有七人

次序惟有你最長　同氣連枝一母生

坎　胷小可畏

艮

大失心星令始加　花開黃菊色清佳

生日正當九月九　晚景安然福祿誇

震

行運交來丑土中　祿馬健旺有發興

勅封賞賜恩光大　致君澤民功日最崇

巽

蟠桃一朵好花香　女命生來大吉祥
夫配屬雞琴瑟美　齊眉舉案百年強

離

命宮已定數不齊　長子必定是屬雞
堂上三子天恩重　桂蘭芬馥各爭奇

坤

日出東洋又轉西　母親屬兔父屬雞
後天已定乾坤泰　准准有壽百年齊

兌

八字本是前生定　妻宮位上有刑冲
佳人猪相難偕老　再娶屬牛壽如松

坎之震　開

既濟

後天坎之離

坎之離　休

人生難得百年秋　雙親堂上景悠悠

乾

母命沖卯屬雞相　父命沖未是屬牛

坎

春日蛺蝶戲粉牆　手足宮中不成雙

姐妹三人不壹母　此命居長最為強

艮　五十七八　先否後喜

震

大運酉金甚不祥　陰雲暗霧罩三光

退職罷位心懷悶　牽連罣悞受災殃

巽

運交乙巳非等閒　撥開雲霧見天光
才名濟世家声振　深沐君恩姓字彰

離

錯配妻宮屬大龍　百年未到已先崩
再娶佳人小龍相　方保永遠不相刑

坤

孟秋節交白露零　日躔鶉尾禾乃登
誕降本在七月内　二十八日下天宮

兌

乾坤交會同一位　父爻健旺母爻衰
算来皆是屬雞相　母命今已赴陰台

坎之離　休

坎之離　生

斗柄輪廻到午宮　聽来反舌已無聲

若問你身何日降　五月二十八日生

可愛青年錦繡腸　立志要採廣寒香

絕交十八即得意　脫去白衣換藍衫

玉蕊花開朶朶香　枝頭粉白鬧斜陽

父年方交二十八　房中吉產女嬌娘

五行排就論命宮　一生合該弄金銀

業成手藝資人用　振舊如新悅婦人

乾　坎　艮　震

巽

生來自性樂天真　出俗離家養道心

明月清風為伴侶　須知陽總是紅塵

離

陽盛陰衰此卦中　母親屬兔謝紅塵

堂前留下屬鷄父　獨自洒淚鼓盆聲

坤

五十七八靜凶

兌

光陰似箭催人老　却似浮萍水上遊

雙親庚相數已定　母是屬兔父屬牛

坎之離

生

坎之離　傷

乾　五十七八先否後喜

廣寒宮裏桂花香　仙種栽培待爾攀

坎　君歲纔交三十四　先遊泮水姓名揚

乙巳數交運不通　正似日月被雲朦

艮　辛君素行多謹慎　不至災殃侵爾躬

癸日丁巳貴星臨　人中豪傑氣如虹

震　必到朝堂居顯位　皇恩廣沐姓名洪

巽 離 坤 兌

卦爻定你甚精奇　重義輕財有禮儀

心慈良善面又軟　積具見孫世世宜

日躔析木虹已藏　瑞雪飄飄滿山川

閏十月內初九日　靈胎滿月降人間

幾度光陰幾度年　五十四祿歲祿祿不全

辭別陽世歸陰府　魂魄逍遙上九天

鴟鴞拂翅正季春季　斗柄迴繞建辰宮

借問元辰是何候　三月二十八日生

坎之離　傷

坎之離　　杜

乾

四十四一流年凶　好花開放不逢春

投井个个下碽石　走雪人上來送冰

坎

一命剛来一命強　管教兒女去投缸

生下一个死一个　生下一雙死一雙

艮

從右利要義中求　經營數你最為尤

一心要做陶朱業　市廛之上度春秋

震

一樹花開春日光　南庭桂放滿院香

妻宮二十零四歲　門闌吉慶喜弄璋

巽　戊日丁巳時非凡　頂冠束帶姓名揚

離　算君不是尋常士　去到朝中伴君王

算君八字定命宮　正月二十八日生

一派雨露從天降　困龍得水上天宮

坤　大運初交乙巳中　日月未發長光明

直待巳午天爽郎　萬里山河四照通

兌　五十七八　元吉

坎之離　杜

坎之離 景

運交乙巳到殘冬　狡兔三窟勢已成
多方拮据費盡若　從令不怕浪頭風
坎卦前定父母宮　父是土命正居中
母氏之命屬乜相　雪裏梅花味更馨

乾　坎　艮　震

四十以前財庫空　銀錢到手火上冰
五八之後開金穴　外財扶助起樓庭
父命原来是屬牛　壽元不大世難留
母氏屬雞春常在　栽培蘭桂意悠々

巽 光陰虛度總為空
六十歲上生一子

離 子息宮中天地塘
內中必定有帶破

坤 卦坤之中命理強
運交辛地功名旺

兌 兌卦推算喜非常
求財求利多逢喜

坎之離 景

枯木逢春枝葉青
全憑陰騭積而成
森森六個振門財
松柏榆槐柳共梅
後天斷定大超凡
損納前程姓字香
四十一二福祿昌
興旺門庭大吉祥

坎之離　死

乾　坎　艮　震

此刻生人武曲星　開弓放箭振威名
定知萬里青云路　一舉成名天下聞
人言秋後花開晚　我道晚花節更堅
父親生你六十歲　老景悠悠福自安
鴛鴦一对在池邊　往往来來躍紅蓮
佳人命是長流水　屬蛇生在癸巳年
日躔鶉火大雨行　腐草應候已為螢
閏八月當二十八　沐浴胎泥見母親

巽

欲見父兮今何在　庚相屬牛入土中
人子欲報終身德　只留屬兔老母親

離

此刻生人該為工　衣食主在四方尋
五色塗繪成文美　龍飛鳳舞彩畫精

坤

此刻帶定官星顯　丑位逢之名自揚
只是不在正路上　雜氣財郎把職捐

兑

運交乙巳凶煞臨　多火不美在其中
也主官詞常生悶　去財惹氣一揚空

坎之離　死

坎之離 驚

人生此刻有官星 年水君身主貴榮

雖是未登龍虎榜 輸粟納監太學生

乾 卦中之理最幽玄 雙親位上細推源

坎 若是此刻生人正 父牛母鷄壽命堅

艮 棠棣花開茂盛新 手足行中有四人

震 次序之內三為你 生身原是一母親

水旺至三冬

巽離坤兌

日躔星紀虎始交　斗柄建子雪花飄
生你正當十一月　二十八月見根苗
女運六爻来丁丑中　恰似紅日正東昇
持家立業財源茂　閨閫之間百福生
註定佳人命不長　三房連娶到黃泉
重婚再配屬屯相　方許偕老共百年
天地人元分五行　人生禀命貴又尊
金枝玉葉為婚配　萬人欽敬是皇親

坎之離　葉　驚

坎之離　開

八字之中定得清　妻宮屬狗去歸陰

再娶屬龍為夫婦　方是偕老到頭人

乾

草木黃落菊花開　鴻雁高飛過陽台

若問誕降是何日　九月二十八日來

坎

二親庚相卦中求　母氏屬兔父屬牛

艮

青山綠水依然在　永遠相跟到白頭

一对鴛鴦戲彩蓮　中秋明月共團圓　團圓

震

蘭房桃李成家計　牛相夫君是夙緣

巽 大失貲財

大運已交最興隆 皇恩屢屢到门庭

離

聲名遠播家榮富 百姓長歌道路中

坤

鴻雁空中陣上傳 弟兄八箇一排連

你身居六天生就 一母生来有後先

兌

人生嗣續是前因 執理推來無改更

長子立了屬牛相 三子堂前鼎足形

坎之離 開

巽離坤兑

革

後天兑之離

兑之離 体

乾

運交乙丑事俱和 利就名成興旺多
晚景黃金量斗斛 花間月下奏笙歌

坎

此刻生人仔細求 椿親堂上問因由
天五生數父命土 老母原來是屬牛

艮

運行癸酉主生災 禍事重重莫問財
幾番不遂心頭悶 宵小須防暗箭來

震

椿親位上一爻凶。 父屬雞兮入土中
留下猴母多福壽 獨伴孤燈淚沾襟

巽
人生有子皆願早　我道好子不怕遲
五十六歲熊羆夢　洞房之内聽兒啼

離
人生世上莫貪求　子息好歹問因由
三个兒郎堂上立　内有帶破不須愁

坤
四柱之中有犯冲　官星損壞不成名
運交丁字方損納　項帶彰身也許榮

兑
三十三四流年豐　名利途中可趣心
高山頂上栽松柏　暗室明燈照爾身

兑之離　休

兌之離 生

乾

富美文章學業成 昔年曾入泮池中

只緣不守皇王法 明倫堂上去其名

坎

丹桂堂前瑞氣生 庭星拱照在庭中

父年交至五十六 你命一定降凡塵

艮

一對鴛鴦在水濱 前世姻緣今世逢

佳人配定屬牛相 算來桑柘木命人

震

廣寒宮內桂花香 送子天仙到世間

生辰主定閏八月 上旬初八產華堂

巽

父母宮中一爻悔　老父屬雞入土中

虎母堂前樂晚景　衾寒枕冷暗沈吟

離

無災無病指壽紅　兩手常常入水中

請問君該幹何事　皂翻藍綠染精工

坤

大運癸酉百事成　門庭興旺利源豐

一輪明月空中照　萬朵蓮花沼上紅

兌

運交乙丑動官星　禍患災殃口舌生

大小事來都累你　丢財惹氣受心驚

兌之離　生

兑之離　傷

運交癸酉百事成　求謀順利吉祥生
榮華富貴從天降　江上行船遇順風
乾坤交泰卦逢奇　母命屬猴父屬雞
二人主定皆有寿　風光一段在桑榆
雁過長江有遠聲　紫荊樹下整進翎
兄弟三人你為首　生身原是一母親

乾　坎　艮

震　好花著夜雨

巽離坤兌

仲冬天氣雪花飄　斗柄輪迴建子交
生你正當十一月　初八父母見根苗
女運交至乙酉中　好花著雨更加紅
隨時四季般般好　喜氣閨門指日增
鴛鴦相配不到頭　三位夫人入土坵
若問到老何庚相　四房佳婦娶屬牛
格敦局厚貴無窮　燮理陰陽雨露匀
官是內簾正一品　高居相國萬邦欽

兌之離　傷

兑之離　杜

乾

比目魚遭猛浪分
佳人屬狗命归陰
重婚再配屬牛相
百年相守永無刑

坎

季秋天氣雁南鄉
家家戶戶望重陽
借問元辰何日是
九月初八產華堂

艮

毋命冲寅屬猴相
父命冲卯雞歲生
若問令生寿長短
俱是百年不老人

震

蓮花出水不沾泥
相會鴛鴦在碧池
前世姻緣今世會
夫婦一對同為維

巽 鳥神奪食

離　坤　兌

大運一至丑土間　官星健旺福祿長
牧民勤政多奇績　級職加增名姓楊
后天推算手足宮　排行一連有七人
數中前定你居長　同父同母又同根
堂前子息知多少　鼎足扶持三个人
長男必是屬雞相　兄弟相續繼門庭

兌之離　杜

兑之離　　景

乾

母親生在雞年中　已入黃泉不轉程
卦爻推就你得丈　蛇歲生身寿若松

坎

四十九五十先否後喜

艮

日躔鶉尾涼風至　天地始肅禾乃登
借問元辰是何候　七月初八降凡塵

震

大運乙丑官星旺　皇恩重疊到門庭
辦事幹錬民被澤　十年分外長精神

巽

梨花開放粉粧成　姐妹不是一娘生

次序排定有七位　有姐無妹你臨終

離

大運已失官星衰　無端煩惱惹心懷

不是降級便罰俸　駁雜阻滞有憂災

坤

八字之中仔細求　全要刻對與時投

嚴君冲卯屬雞　慈母冲寅是屬猴

兑

折散鴛鴦不到頭　室人龍相入黃丘

若要山盟並海誓　重婚定是娶屬牛

兑之離　景

兑之離　死

卦爻斷定不可移　婆親位上最為奇
母氏冲申是屬虎　老父冲卯必屬雞

乾

牡丹花發映霞紅　洞房之内小喜生

坎

若問女命何時降　父交二十四歲中

艮　四十九五十　靜凶

震

此命也在四民中　奉供先師孔聖人
不作農工商賈事　性高品重出凡塵

巽
功名不是身外事　八字清奇超俗人
流年纔交十四歲　採芹却已入黌門

離
癸酉運中定否泰　十年上下不相同
上五年開簾望月　下五年坐井觀星

坤
榴花開放滿園紅　樹上黃鸝弄巧聲
生辰主定五月內　上旬初八見親容

兌
母親生在兔年中　身受冲尅見閻君
老父屬蛇爻相旺　壽比南山四皓公

兌之離　死

兑之離　驚

桃杏花開似火紅　子規在樹不時鳴

乾　生辰三月是初八　脫離靈胎見母親

運交乙丑定吉凶　十年之內最和平

坎　正是水流出山口　悠悠入在大河中

花甲一週又有零　草衰霜降火崢嶸

艮　大忌六十二歲上　悠悠一夢見閻君

運交癸酉金水異　否泰原來兩不同

震　上五年間多不利　下五年至大發興

巽

巽卦之內遇文星　辭章敏效學功勤
年交五六三十歲　泮池之內去採芹
癸日丑時帶貴星　今生必作人上人

離

不借文章能輔國　千鍾食祿沐君恩

坤

四十九五十先喜后否

兌

日躔星紀大雪臨　水泉動兮鶡不鳴
生辰正閏十一月　中旬十八見嫂親

兌之離　驚

兑之離 開

乾 四十九五十元吉

坎
兩途富貴心中想 體足沾塗受苦辛
別樣事業全不利 衣食去問水邊尋

艮
運行昨交乙丑間 正似明月隱雲端
十年之內多朦蔽 出此行年眼便光

震
戊日癸丑時上詳 不是尋常田舍郎
令生定享朱紫貴 去到朝中伴君王

巽

運交癸酉欠辛通　名利途中落了空

花開遇著連夜雨　行船又見頂頭風

離

世間何事是真福　人生有子萬事足

佳人二八零四歲　生子傳家敬神佛

坤

三十二三數欠通　災殃禍患來侵身

作事顛倒多阻滯　財原散去似浮雲

兌

東風吹動三陽泰　斗柄輪迴正建寅

生辰何日降人世　正月初八下天宮

兌之離　開

豐

後天震之離

震之離　休

乾　五十三四先喜後否

坎
天姿超秀業業勤　奮志欲為人上人
君命入泮不得早　三十二上纔遂心

艮
運行交在乙卯中　船入大海浪風平
雖無覆舟驚恐事　却有喜慶到門庭

震
癸日生當乙卯特　此命主貴少人知
不借文章登科第　姓名彰播鳳凰池

巽離坤兌

癸亥運中仔細評　必吉原來不等論
上五年密雲不雨　下五年箭射進鴻
雪花飄泊滿山川　湖氣吹來透體寒
誕降元辰十一月　二十八日下中天
南極註壽非偶然　六十四歲命歸天
人生到此花開謝　魄降魂升氣化元
桃紅柳綠正爭妍　紫燕穿簾畫閣前
生辰已定是三月　中旬十八定胎元

震之離　休

震之離　生

三十六七數欠通　憂愁煩惱不安寧
浮雲遮被三秋月　雨打殘花枝葉空
運交癸亥數逢空　禍害災殃疊上生
虎到平川失威氣　龍居淺水怨蛙侵
年閒木石伴吾居　舉目無鹿豕非隨
衣食深山以內覓　落花流水聽猿啼
卦爻變動少人知　妙裡通玄洩化機
若問子在何年降　妻交二十二年時

乾　坎　艮　震

巽

戊日乙卯時非凡　算君必定姓名揚
豈借文章誇富貴　朝中榮耀伴君王

離

東風解凍轉三陽　振蟄天和淑氣宣
生辰已定正月內　一十八日下九天

坤

運行乙卯木逢春　未放金鈎欲達萌
若得雨露滋培到　轉眼豐栽綠蔭成

兌

五十三四元吉

震之離　生

震之離 傷

乾
行運交来臨乙卯　平安順快少煩惱
豐衣足食樂悠悠　後事無窮乃求了

坎
父命本是天王生　算来却是土命人
配定慈母沖酉相　切是兎年降其身

艮
癸亥交来數不通（通）　蛟龍居在淺池中
龐涓怕走馬陵道　韓信謹避未央宮

震
父命沖巳屬猪相　算来今已入土中
留下屬猴老母在　蒼眉白髮壽如松

巽

君命主定得子遲　五十八上纔見見
莫笑蟠桃結果晚　有根丹桂種得奇

離

丹桂扶疏錦色鮮　君家四子一榜連
內有一位定帶破　卦爻推就不虛言

坤

功名路上終有分　不借文章可立身
運行交到己土位　定然捐納耀鄉鄰

兑

三十七八運最通　兩足春園花更紅
問名求利多亨吉　一年四季永和平

震之離　傷

震之離　杜

乾　坎　艮　震

此命武曲照命宮　進士成名壓萬人
惡星纏體偏遭革　忍氣吞聲恨不平
何時君命降紅塵　父交五十八歲中
幸喜紫微吉星照　晚年福祿顯崢嶸
一対鴛鴦水上飄　並頭交頸舞逍遙
妻配癸卯屬兔相　金箔金命豈為高
漱氣吹來景色清　寒蟬在樹弄好音
生辰已定閏八月　中天十八下天宮

巽

父命原來是屬猪　身入黃泉骨已枯
留下孀母屬虎相　在堂洒淚過居諸

離

此刻生人性不愚　學成手段大爭奇
一年四季無閒月　刀剪隨身弄毛皮

坤

運交癸亥最風流　船到長江波浪收
不疾不徐行自穩　載將重寶到高州

兌

乙卯運中惡色臨　官詞口舌到門庭
吾勸君宜早修省　恐懼牽連害不輕

震之離　杜

震之離　景

運行癸亥百事成　三春雨足更花紅

千潭有水一月印　萬里無風波浪平

後天斷定雙親相　父是屬豬母屬猴

二人均在高臺上　福壽俱同到白頭

兄弟宮中鼎足刑　一母同胞三個人

次序之內係為小　也吐襟懷耀家門

乾　坎　艮　震

火旺逢夏日

巽離坤兑

天地人元分五行　排開八字細推尋
生辰正逢十一月　中旬十八降生身
女運交来乙亥間　事情多大卦中藏
有心去上西天路　怎奈登高腳步難
比翼鴛鴦分兩地　三位妻宮不到頭
若是配了屬虎相　管君白髮兩悠悠
良緣天定屬皇家　富貴榮華不待誇
前世修来今世福　身平公主聽宮家　加

震之離　景

震之離　死

乾　坎　艮　震

人生若問姻緣事　屬狗妻宮兩地分
重婚見相爲夫婦　相敬如賓到白首
鴻雁高飛過遠洲　蘆花深處伴人愁
生你正當九月內　一十八日下凡遊
椿萱堂上不同根　母氏年生虎歲中
父親亥歲豬庚相　壽域同登享大齡
一对芙蓉出水中　燦然紅白映霞明
夫妻同是屬豬相　相敬相親百歲人

巽離坤兌

黃金出櫃

大運卯木發東方　旺地臨官志氣揚
滾滾財源三及張　重重爵祿姓名香
花開棠棣萼層層　兄弟宮中有七人
次序排來你最小　襟期各吐耀門庭
卦爻配合地天人　子息宮中定得清
長男若立屬猪相　後續二个有三名

震之離　死

震之離　驚

椿萱堂上定吉凶　母氏屬雞去歸陰
留老下父屬羊相　壽比南山皓八旬

乾　坎　艮　震

五十三四先否後喜

牛郎織女遇佳期　玉蕋花開正及時
若問元辰何日降　七月十八信非虛
大運乙卯發東方　祿馬俱興盛氣揚
才名卓異家声振　濟世安民姓字香

巽離坤兌

女命宮中多少數　後天斷定有九人
次序排定身居四　生來不是一母親
大運交至未土間　官爵蹭蹬不顯光
吾勸君子宜保重　免得崎嶇受急忙
雙親堂上定年庚　母氏生在猴年中
老父不是別得相　定是豬歲降生身
尅過妻宮是屬龍　再娶屬兔正家風
也是命裡該如此　何必悲悲啼有怨聲

震之離

驚

震之離 開

命中之理有多途 為問雙親相何如

乾

冲申冲巳後天斷 母氏屬虎父屬猪

坎

虺蛇一夢夜來過 弄瓦當知應不差

父交二十零六歲 降生女命樂天和

艮

五十三四靜凶

震

令生撇下紅塵事 自修因果報來佳

此命缺出見合女 徒子徒孫去送終

巽 離 坤 兑

祖宗陰得及君身　經籍詩書蘊腹中
行年纔交十六歲　得意黌門去採芹
運行癸亥數不齊　平陂剝復報君知
上五年有喜有慶　下五年月半雲迷
榴花開放滿園紅　反右從來不作聲
生你正當五月内　一十八日降庭中
雙親依上一叉衰　母氏屬兔去塵埃
高堂幸有老父在　屬羊之命壽如槐

震之離　開

明夷

後天坤之離

坤之離　休

乾

鴛鴦驚散幾多番　三位佳人泉下亡
后娶屬羊為夫婦　福祿攸同壽命長

坎

日在玄枵鵲始巢　飄飄瑞雪壓梅梢
生長臘月初八日　父母堂前見根苗

艮

雙親之相報君知　父是屬兔母屬雞
二人在堂樂晚景　壽與松柏兩相齊

震

女運丁卯百事祥　爭妍桃李鬥奇芳
閨門喜氣從天降　和順平安大吉昌

巽　幽蘭出空谷

離

坤

兌

人生此刻細推詳　本是男胎缺火陽

雖然不比公孫位　長在朝中伴君王

鴻雁高飛對對鳴　手足主定一母生

排行却有人四位　算君居在緊臨終

持弓挾矢非吾事　誦讀詩書也未成

損貲納粟為國舍　人人都道太學生

坤之離　休

坤之離　生

乾

成群鴻雁繞江濱　兄弟九人一母生

上有六兄下二弟　算來你居第七名

坎

財神不照

艮

日躔析木是孟冬　雉入大水化為蜃

生辰十月初八日　靈胎落地見母親

震

大運末土官星強　名利雙全門戶光

玉階獻策三千文　邀君沐寵頌循良

巽

緣結千世合今生　交頸鴛鴦兩箇鳴

若問女身配何相　夫君一定屬兔人

離

嗣息宮中問原因　后天數上查對真

長男若立屬兔相　三子森羅鼎足形

坤

乾坤位上同一宮　卦爻推算理最真

椿萱兩命皆屬兔　寿比商山四皓公

兌

正鼓瑤琴忽斷絃　妻宮屬狗命不堅

重婚再配屬羊相　許你偕老到百年

坤之離　生

坤之離　傷

乾

卦爻斷定理不虛　雙親之相報君知

試問椿萱居何位　父命屬兎母屬雞

坎

飛飛蝴蝶繞闌杆　姐妹四人不同娘

數中前定你居二　各自宜家配才郎

艮

六十三四先否後喜

震

大運交至亥水間　祿馬沈沈不見光

定主降級罰俸事　又主離任受驚惶

巽

運交乙未福無窮　惠愛黎民得衆心

危行危言奏奇績　悠悠爵祿把官陞

離

鴛鴦拆散好傷情　佳人屬龍命归陰

重婚再配屬羊相　相守百年永不刑

坤

庭前桂樹發天香　舉目新看南雁翔

生辰已定八月内　上旬初八到人間

兌

父母宮中母屬雞　又今身已入邱墟

高堂留下屬猪父　鼓盆獨酌暗悲啼

坤之離　傷

坤之離　杜

乾

荷花開放滿池紅　楊柳枝頭蟬翼鳴
生你正當六月內　上旬初八見母親

坎

聰明本自天賦成　文章奇妙悟入神
行年纔走二十歲　泮池之內去採芹

艮

夜間一夢虺蛇驚　又見庭前小喜成
問你女命何時降　父親正當三十春

震

紅爐化汁做成器　不是金來不是銀
此命請問做何事　一生一世是弄銅

巽
一心不染紅塵事　離俗出家樂道真
三清面前稱弟子　玉皇駕下拜天尊

離
雙親位上母爻凶　若是屬兔定归陰
父親屬猪添延寿　松柏長清最可人

坤
六十二靜凶

兌
東方卯木奪秀氣　雙親喜遇同一宮
請問二人何庚相　算來皆在兔年中

坤之離　杜

坤之離　景

乾　六十一二先喜後否

坎
功名路上終有分　只是恩星照命運
行年交至三十六　喜氣洋洋入泮池

艮
運交乙未卜休咎　十年之內無吉凶
辨了幾件尋常事　那有災殃禍患生

震
癸日未時福無窮　鶴立雞羣超萬民
不登金榜身榮貴　食祿天家伴聖君

巽

一生慣辨別人事　居中正是惡水盆
受盡辛苦用盡力　臨了落得一場空

離

朔風凜凜正隆冬　嶺上梅花獨見青
生長主定閏十月　一十九日下凡塵

坤

光陰似箭催人老　五十六歲難星纏
悠悠蕩蕩辭陽世　萬貫家財不用言

兌

牡丹花放滿園紅　桑樹枝頭杜宇吟
生長主定四月内　上旬初八降堂中

坤之離　景

坤之離　死

乾

四十四五數久通　災殃禍患有憂驚

花正開時逢驟雨　行船遇見頂頭風

坎

當家事業憂心早　不得安閑子息遲

白頭纔得紅鸞照　天賜麟兒報福基

艮

此命每日走街頭　貲財來往似水流

耕讀事業你不做　身居閙市把利求

震

天然喜事列人間　丹桂庭前福祿長

妻宮正交二十六　洞房吉產一兒郎

巽離坤兑

戊日未時帶貴星　今生待詔入金門
不惜文章朱紫貴　許你金陛奏奇功
緣楊枝上子規鳴　日次降婁號仲春
生你正當二月內　初八靈胎落地中
運行作亥乙未間　棟梁材木在深山
得遇工師來剖伐　終為世用價無雙

六十一二元吉

坤之離　死

坤之離　驚

乾

大運乙未變鬚眉　精神漸減老年催
經過涛浪舟始穩　桑榆月照有光輝

坎

雙親位上仔細詳　母命原來是屬羊
天五生數父命土　森森排列卦爻間

艮

黄連根上生甘草　誰信甘從苦上來
此命若到巽方去　何愁平地起樓臺

震

父母宮中定得清　母命屬雞寿如松
嚴君屬兔限短促　已入陰曹見閻君

巽

全憑陰騭生慈念　終久麒麟入夢來
年限交至六十二　洞房生子喜開懷

離

試看君家子息宮　幾聲蟬噪送秋風
命中主定八个子　內有帶破保長生

坤

人生此刻帶官星　四柱不合犯刑冲
龍虎榜上無能望　癸運損納得榮名

兌

四十五六命源通　金銀珠玉滿堂生
渴馬得了甘泉水　飢虎遇上送肉人

坤之離　驚

乾　坎　艮　震

坤之離　開

馳馬試劍逞威名　也曾泮池採過芹
犯法之事非由己　身遭斥革氣難平
若問君命何時生　父交六十二歲中
喜遇熊羆來入夢　庭前丹桂瑞光增
一雙交頸好鴛鴦　往往來來躍碧塘
妻宮配定楊柳木　癸未年生是屬羊
南飛鴻雁望衡陽　籬畔黃花朵朵香
定主生辰閏九月　上旬初入到人間

巽

乾坤喜遇同一宮　父爻不旺入土中
母氏悠悠享福壽　算來皆在兒年生

離

日進貲財是汝家　那知細緞與絲麻
水菜堂子設一个　也賣錢來也賣賒

坤

命裡官星有正偏　排來四柱細推源
運交卯位君得意　損職輸貲喜氣連

兑

運交乙未數久亨　官符壓命有憂驚
必主破財口舌事　吾勸君子要留心

坤之離　開

師

後天坤之坎

坤之坎　休

乾

日次元枵水澤堅　斗杓建丑雁北旋
若問君身何日降　臘月初十到堂前

坎

風吹桃李結菓稀　嗣息遲早應有時
天賜孤兒與后世　長子屬猪不須疑

艮

大運辛卯最為良　作事如意出氣長
閨門不生煩惱事　十年之內永吉祥

震

昆玉宮中知多少　七人原是一母生
上四兄來下二弟　梅縱禎祥第五層

巽　夜半狂風折嫩荷　妻宮屬羊遭折磨
再續屬兔為夫婦　白頭相守百年和

離　秋來鴻雁過衡陽　昆玉宮中正兩進
次序定就你身小　生體原來是一娘

坤　自在逍遙

兌　進親位上爻相旺　今生主定壽源豐
父親屬兔卯年降　母命屬猪亥歲生

坤之坎　休

坤之坎 生

曹爽逢仲達之象

乾 坎 艮 震

世事莫嫌成又破 田園花木喜重開

佳人屬牛防短折 再娶屬兔命中該

運交未土官星強 高車駟馬滿門蘭

得居行道聲名遠 爵祿增加史策光

兄弟宮中數最豐 一母生來有九人

數定惟有你身小 富貴窮通各不同

巽

后天斷定父之旺　身居未地是屬羊
母父衰敗值午位　相是屬馬入土間

離

進親位上旺而隆　今生一定享遐齡
母氏生在蛇年上　嚴君降在兔年中

坤

配定夫君屬兔人　未到百年他已終
留你獨欠共姜操　冰清玉潔振芳名

兑

朔風吹動嶺梅生　斗柄建亥水始冰
生你正當十月內　初十靈胎落地中

坤之坎　生

坤之坎　傷

乾　坎　艮　震

瓊花朵朵應時開　祖妹四人不同胎
數中排定你三位　各自宜家慰素懷
后天斷定母爻凶　屬鼠之相去归陰
留下父親寿悠遠　在堂獨自鼓盆聲
丁卯運中仔細求　吉凶分別卦裡頭
上五年叢林代木　下五年淺水行舟
剖別陰陽辨衰旺　全在河圖與洛書
豫定人間親庚相　父是屬兔母屬猪

巽

乾坤喜遇同一位　進親兩相皆屬猪

毋氏短促歸泉下　嚴君有寿旺庭除

離

白露澪澪桂有香　秋分至日雁南翔

生辰已定八月內　初十靈胎產畫堂

坤

大運乙未沐君恩　聲名直播鳳凰城

甘棠遺愛民歡悅　辦事貞幹奏奇功

兌

六十一二歲悔

坤之坎　傷

坤之坎　杜

乾

萬事蹉跎皆是命　功名發達莫嫌遲
流年交至四十四　方許脫白換藍衣

坎

陰陽衡擊數不佳　慈母原來是屬蛇
卦爻算定已入土　高堂留下屬猪爻

艮

庚日卯時貴多途　天使聰明不在書
也食皇王千石粟　運籌帷幄有深謀

震

腐草為螢季夏天　子規在樹鬧聲喧
靈胎滿足降人世　六月初十定胎元

巽　月當望時桂花滿　日過正午影又斜
試問人間雙親相　父命屬兔母屬蛇
離　六十一二動凶
坤　丁亥運中仔細推　卦內美惡兩相違
上五年浮雲蔽月　下五年塵鏡生輝
兌　女命何時降凡塵　母年正當十八春
也是生前定就得　卦爻之內最分明
坤之坎　杜

坤之坎　　景

大運丁亥卦爻凶　尖殃主定緊纏身
欲行雲路冲霄漢　怎奈崎嶇未可行
先天不足陰勝陽　聲音長在腹中藏
有人與你來説話　無能答應口虛張
園中有雨花門早　枝頭結菓不須遲
佳人年交二十二　洞房之內聽兒啼

乾
坎
艮
震　六十一二　吝

巽

四月清和雨乍晴　牡丹花下聽啼鶯

上旬初十君生世　沐浴胎泥見母親

離

八十年來一夢中　今朝撒手謝紅塵

魂升魄降归陰府　杜宇哀啼不忍聞

坤

乙日卯時吉星臨　今生定為人上人

縉笏垂紳朱紫貴　食祿千鍾伴朝庭

兌

大運交來己未中　十年之內却安平

風息浪靜船不疾　漸達江河見海涛

坤之坎　　景

坤之坎　死

乾

一爻悔兮一爻明　后天位上定進親

地二生數爻命犬　慈母生在兎年中

坎

日躔降婁雷發聲　桃李爭姸正遇春

生你正當二月內　初十去世見母親

艮

老樹開花結子遲　一宗喜事報君知

妻年必交五十歲　方纔養子立根基

震

四十六七數欠通　駁雜蹉跎吃一驚

丟財惹氣還為小　又恐人口不安平

巽 六十一二貞吉

離 坤 兌

運交已未定吉凶　正似蓬蟲在麻中

親仁愛眾皆隨道　方出迷途萬里程

室入芝蘭分外香　恩星拱照定生男

君交纔免交二十二　天仙送你到人間

丁亥交來仔細推　時乖運蹇好傷悲

只道失意還得意　誰料開眉便縐眉

坤之坎　死

坤之坎　　驚

乾

若問君命何時生　父交二十二歲零

青春嫩花初結子　賀客多大在門庭

坎

衡陽雁過合成群　吳越高低相對鳴

手足宮中人九个　内中定有帶破身

艮

嫂親位上父又凶　屬兔之相已归陰

留下猪母天增寿　堂前獨自伴孤燈

震

大運已未數多豐　璞玉渾金價不輕

鑿石穿泉通匣海　老年榮顯慰平生

巽

四十七八驛馬動　車登長路出泥途
進鴻一貫聲名遠　三箭天山功業殊

離

銀存巨柜財不少　米積陳倉食有餘
若要享受此般利　除非運交丁亥時

坤

坤卦之內定榮枯　人生那有百年途
安命已定難改易　爻象推來必屬猪

兌

朱陳相配好姻緣　交頸鴛鴦是鳳歡
佳人屬兔丁卯相　爐中火命息長年

坤之坎　驚

坤之坎　開

乾　坎　艮　震

卦中之理妙存真　父親生在猪年中
慈母定就無錯謬　世上豈有百歲人
玉卮有當遭跌破　也期月缺再重圓
佳人一去不復返　悠悠獨酌鼓清絃
日躔大火菊花黃　人人見喜過重陽
生長主定閏九月　初十靈胎落下凡
運交丁亥是美途　東來西去貴人扶
登山步嶺逢嘉玉　鑿井開池得寶珠

巽　離　坤　兑

大運已未數不通　崎嶇危難久和平
定主官詞口舌至　小心謹慎主虛驚
手持一鏡分明破　破后還能再作圓
佳人定然尅一个　后娶屬兎到百年
四柱排定論五行　后天位上問淒親
慈母屬蛇天增寿　嚴君屬兎入陰中
滿堂鷗鷺紛紛立　手足宮中仔細尋
兄弟三人身居小　生來原是一母親

坤之坎　開

艮

後天艮之艮

乾 坎 艮 震

艮之艮　休

夫君生在狗年中　半路撇你去歸陰
誓不再適永遠守　寡牀獨自聽晨鐘
父文旺兮母文衰　母氏屬羊赴陰台
嚴君卯申屬虎相　寿源高邁似古槐
蓮花出水並頭生　妻君屬牛定尅刑
再娶屬狗與家計　方許百歲共同盟
乾坤位上文相旺　雙親有寿似古松
萱堂蛇相風光好　椿庭屬狗不染塵

巽
八字排定不可移　雙親之相卦中知
二人原來皆屬馬　聽得子規樹上啼

離
做得生意金剥金　銀錢來往手中掄
每日慣弄轉世寶　天平砝碼不留停

坤
大運交至寅木中　雲遮皓月不光明
不是降級便罰俸　猶恐革職受虛驚

兌　錐處囊

艮之艮　休

乾坎艮震

艮之艮生

大運交來至庚寅　高懸明鏡在堂中
小民愛戴真父母　君王賞至職加增
八字之中定一生　全憑時刻兩分明
椿庭屬馬午年降　萱堂屬鼠子歲人
算定母親是屬牛　陽世無祿身難留
老父沖申屬虎相　壽如松柏景悠悠
此刻生人定五行　子宮水土方能成
若是立了別得命　少然早歲見閻君

巽

天地交泰萬物與　今生之事是前生

豫報人間親庚相　父狗猪母兩分明

離

二十七八无大咎

戊午交來運中查一　吉凶晦吝兩相加

坤

上五年龍能致雨　下五年虎去爪牙

群飛蝴蝶花閒醉　姐妹九人母不同

兌

次序排定你為長　自己各有一條心

艮之艮　生

艮之艮　傷

運交戊午數逢空　多步阻滯不遂心
若到下五年間看　方有喜慶到門庭
雙親位上卦中尋　豫洩天機畏雷公
父是屬狗戊午降　母是屬蛇己歲生
日躔星紀虎始交　雪花飄落上梅梢
生辰正閏十一月　初一靈胎下九霄

乾
坎
艮
震　二十八小有晦

巽　離　坤　兌

四柱暗合會三奇　得意高乘駟馬車
食祿萬鍾人共羨　位高責重布政司
人生在世如春夢　兆應虺蛇小喜生
君問女身何日降　母年二十五歲中
庚日戌時貴不輕　今生出任去臨民
鳳凰誰敢顯凡鳥　金階玉殿伴君行
文運不通多駁雜　屢考不第負初心
年交五十一歲上　泮水池中去採芹

艮之艮　傷

乾 坎 艮 震

艮之艮 杜

乙日戌時逢貴星 今生一定管萬民
赤胆忠心去報国 珠玉金銀比石崇
格局秀美妙難言 功名富貴命中全
殿試文章多敏捷 榜眼及第天下傳
后天數上定五行 人生秉命自天成
你身已定有帶破 口上缺唇話不真
月過望日漸漸損 晦月絕光雲暗低
大限八十又七歲 一夢不回只自知

巽　二十七八无咎

大運交来自庚寅　月被雲迷不顯明

離　幸有疾風去吹散　也能雪亮在當空

坤　丹桂花開朵朵香　卦變陽爻產吉男

妻年四六零五歲　生子傳家大吉昌

兌　運行戊午主破財　隄防閑事惱心懷

風裏張燈點不穩　駁雜打攪一齊來

艮之艮　杜

艮之艮　景

乾　人間大事前生定　承先啟後賴兒郎
二十九歲紅鸞照　洞房之內產一男

坎　二十七八永貞吉

艮　無依無靠命維艱　少年錯過老歲難
不為僧道廟中住　早晚鳴鐘去燒香

震　行運初交至庚寅　正似土裡埋黃金
用功除去三尺厚　人皆賞玩價日增

巽離坤兌

六十六一命不高　平地風濤起禍苗
前邊就是強水淹　后天還有大火燒
運交戊午大不祥　盛暑炎天下了霜
若不小心加忍耐　定然傷氣損財源
乾坤交會同一位　母又得地父落空
算來皆是屬馬相　慈母有壽父歸陰
兌卦推求父母宮　母氏屬狗家道榮
地二生數父命火　恰似桃李過春風

艮之艮　景

艮之艮　死

乾坤位上兩相冲　水來尅火好傷心
父命屬馬定不世　母氏屬鼠壽如松
六十一二流年過（逼）　鑿山日久遇黃金
命宮榮太吉星照　財源滾滾到門庭
可傷可傷實可傷　連尅八妻淚流長
也是命裡該如此　何必吞聲怨老天
運交戊午大興隆　問利求名事事成
箭射天邊獲雙雁　鉤沈水底（勺）鉤蛟龍

乾　坎　艮　震

巽　離　坤　兌

大運交來壬庚寅
從今正可安居食
男女姻緣繫赤繩
佳人命是屋上土
父命屬狗文象衰
慈母屬猪多福壽
八字排定論五行
父年四七零一歲
艮之艮　死

百花已謝子結成
多費精神總是空
前世恩情今世逢
屬狗丙戌年內生
黃泉路上不回來
孤燈獨伴淚盈腮
人生遲早是前因
熊羆熊入夢生保身

艮之艮　驚

乾 坎 艮 震

文王畫卦分五行　雙親位上斷分明
父親屬狗歸陰去　慈母屬蛇在世存
庚寅運中多災難　官詞口舌來纏身
吾勸君子多忍耐　若不謹守吃大驚
病入膏肓不可醫　非寒非熱本心愚
終日不省人間事　東倒西歪似昏迷
命犯刑冲不自由　人生何必苦貪求
佳人主定尅一个　再娶屬狗到白頭

巽 離 坤 兑

戊午運中家業全　財聚人興身自安
千江有水千江月　萬里無雲萬里天
一雙鴻雁天邊叫　一个西來一人東
兄弟宮中人兩位　同父同母係為尊
人生立子喜非常　命裡應該後育男
此造頭胎難立子　先女后男大吉昌
後天斷定父母宮　兩爻健旺陰陽同
二人冲子皆屬馬　松竹梅花傲寒冬

艮之艮　驚

乾坎艮震

艮之艮　開

今歲流年多主凶　雪裡蓮花暑月冰
疾病纏身嚇破胆　只因冲動白虎星
桃李花開朵朵香　秋來結得葉青黃
今生送終人兩个　長子生在馬年間
大運交臨庚戌中　桃李爭妍正值春
合家大小托你福　猶如明月照當空
雁過南樓五个鳥　花開棠棣葉枝新
次序之中你最小　芬芳梅綻五層層

巽

妻妾宮中推細詳　妻宮剋過定為羊

離

再娶繼室屬狗相　這个佳人壽命長

乾坤二爻兩相冲　配合中女旺氣生

雙親主定皆有壽　鼠母馬父降其身

坤

天馬行空

雙親年命不同庚　后天卦内推算真

兌

父狗母猪無錯謬　高堂同在享遐齡

艮之艮　開

賁

後天艮之離

艮之離 休

雁過長江陣陣鳴 弟兄主定一娘生

乾

次序排來人九箇 無兄有弟是頭名

坎

斷其財源

孟冬二六入節虹始藏 月鉤斜掛在古同堂

艮

借問生辰何日降 十月上旬正初三

大運午火官星強 聲名洋溢遠近揚

震

忠君愛國多多才幹 爵祿陞遷大異常

巽 離 坤 兑

赤繩繫足是前因　恰是桃花帶雨濃
月老主持配成對　夫君屬虎命源遠
命中主定今世豐　長男該在虎年生
堂前三子同歡悅　丹桂青松各身芬
父命主定屬虎相　母親他是兔年生
二人不改松柏操　同登壽域享遐齡
人生八字主先天　佳人屬狗命不堅
再娶又是何庚相　屬馬之婦配姻緣

艮之離　休

艮之離　生

后天之數合先天　前有三元不妄言
父命居寅虎歲降　母兮冲卯屬雞年
蝴蝶翩翩繞畫堂　天生排定不成雙
姐妹三箇身居小　生身定就不同娘

乾　坎　艮　震

五九六十先否後喜

運至戌位不順情　官星祿位主蹭蹬
好似殘花逢驟雨　雲遮皓月不光明

巽離坤兌

運交巽最為良　爵祿陞遷門戶光
民氣樂而頌聲作　奇功時奏獻君王
後天八字論五行　妻宮之內主剋刑
室人屬龍難偕老　再娶屬馬方保終
日躔壽星方鳥歸　群鳥對對望南飛
生辰已定八月內　初三已定到羅幃
雙親之數不相同　兌卦逢之定吉凶
慈母屬雞先剋去　父親屬狗壽如松

艮之離　生

乾　坎　艮　震

艮之離　傷

日躔鶉火溫風至　腐草為螢季夏天
誕降本在六月内　初三出世定胎元
十九年來大運通　算君必定入黌門
一枝丹桂天邊折　萬里青雲足下生
陰陽位上兩相差　丹桂枝頭發嫩芽
父年二十零九歲　房中吉產一枝花
三分真火在爐中　學藝精工事業興
算來不做別樣事　手使鋼錐會打銅

巽

手執笏板朝上界　身穿法服拜天尊

分明是箇道士命　也猶裝扮俗家人

離

父母宮中數不同　母氏屬兔去歸陰

堂上嚴君屬狗相　忻忻自愛白頭翁

坤

五十九六十靜山

雙親位上同是木　寅卯原來兩相刃

兌

父是屬虎寅年降　母氏屬兔卯歲生

艮之離　傷

艮之離　杜

乾　五十九六十先喜後否

功名遲早前生定　人生那得强求來

坎

君年定交三十五　方能入泮展高才

運交甲午卦中論　非吉非凶可當平

艮

正似行船風浪息　些微小事不為驚

癸日午時不尋常　今生一定姓名揚

震

也主食祿登仕路　丹墀之上拜君王

巽 離 坤 兌

此刻生人最和平　秉心良善不欺人
積得陰功自厥後　勝他拜佛念仙經
朔風陣陣送梧桐　黃葉飄飄南雁行
閏十月生十四日　耐寒松柏更枝青
此刻主定寿不遠　大限五十有五年
日耗氣散星光落　一旦歸空喪九泉
麥秋至兮螻蟈鳴　牡丹花放滿園紅
借問君身何日降　四月初三是其生
艮之離　杜

乾坎艮震

艮之離 景

雨打花頭浪滾船　春初桃李暴風揚
流年四十二三上　災殃口舌不為祥
顛路帶定魁子星　慟哭顛回淚滿襟
雖然此命不絕後　從前卻也與他同
后天斷定此刻人　衣祿不缺食祿豐
借問今生何處覓　卦中定係市塵尋
子息遲早非偶然　前生註定是天緣
妻宮二十五歲整　生子傳家福祿綿

巽 戊日午時貴無邊 聲名主定萬里揚
筭君不是凡俗士 金堦上紫綬拜皇王
日躍降婁元鳥至 桃紅柳綠仲春天

離 生長主定二月內 初三下世定胎元
甲午交來卦中論 正如明月海上生

坤 待得雲霧從風去 一碧天光淨無塵

兌 五十九六十一元吉

艮之離 景

乾坎艮震

艮之離　死

運行交至甲午間　楊柳枝枝成棟樑
知止不辱為美事　進前恐受斧斤傷
父母宮中定得靖　母氏原來屬馬相
天五生數父命土　山明水秀綠成陰
最怕二千四五前　銀錢到手飛上天
交至四十一二後　大珠小珠有萬千
父爻衰敗命難存　因他生在虎年中
慈母卬卯屬雞相　遐齡獨享壽如松

巽 離 坤 兑

命主行年六十一
四柱八字定前生
前生定就子息宮
内中必有帶破命
此造生來帶貴星
故不不登龍虎榜
四十三四流年豐
無意閑山逢美玉
艮之離　死

此歲方宜立子息
枯木逢春嫩枝出
一連七箇有芳名
后天方顯斷來清
只因八字犆受冲
運交壬水捐納榮
桃李花開正過春
有心掘地見黄金

乾坎艮震

艮之離　驚

此命也曾入泮宮　弓姻馬執武學生
王法要守休犯事　不謹須防革頂纓
人生遲早是前緣　子祿妻財卦裏傳
佳人命定楊柳木　屬馬生於壬午年
霜降節交草木落　雀入大水化為蛤
父年交至六十一　庚星拱照人間樂
朱陳相配好姻緣　熊羆入夢嗣續綿
生辰已定閏九月　初三誕降定胎元

巽離坤兌

父親生在虎年中　卦落休囚去入陰
慈母他是屬兔相　在堂獨自伴孤燈
大街市上把利求　機謀數你最為尤
別得生意做不起　賣蔬賣菜度春秋
坤卦之內定得真　四柱推來有官星
運行寅地方興旺　輸粟納財捐職榮
甲午運中事多差　風裡張燈水上花
官詞口舌紛紛至　謀為顛倒不為佳

艮之離　驚

乾 坎 艮 震

艮之離　開

此刻生人學業沖　就是讀書命未通
只因未登龍虎榜　輸粟納監太學生
雙親命裏何庚相　父乃屬虎百寿公
慈母原是屬雞者　暮景悠悠更主豐
壎篪雅奏在堂中　楊柳枝頭諠氣榮
同氣連枝居一體　弟兄四個係三名

錦上又添花

巽　離　坤　兌

朔氣吹來滿面寒　梅花雪裏色逾芳
生辰臘月初三月　父母堂前添笑顏
女運交來至丙寅　無憂無慮長精神
喜面長對菱花鏡　恰是桃李遇春風
鴛鴦枕上多秀美　絃斷三次淚不乾
四房再娶馬相婦　方能偕老過百年
此刻生人柔又剛　也借陰來也借陽
不登金榜身榮貴　出入朝中近君王

艮之離　開

大畜

後天艮之乾

艮之乾　休

丹桂庭前生瑞氣　蓁蓁二子耀門墻
若問長男何年立　狗歲天仙送下凡
亘古不變此春秋　江漢滔滔水長流
二人堂上齊有寿　父命属狗母属牛
鴻雁高飛喜成群　手足宮中有七人
上有二兄下四弟　同氣連枝一母生

乾　坎　艮

震冲動官星

巽

籬邊朶朶菊花黃
借問生辰何日是
鴻雁南飛望故鄉
九月十二到人間

離

卉木芳菲

坤

姻緣錯配好憂悽
重娶佳人屬虎相
刑剋頭妻是屬雞
一對鴛鴦永不離

兌

妲妃送紂下了止王命
勸君少戀野花味
貂蟬又喪董卓身
露水夫妻妻害深

艮之乾　休

艮之乾　生

命中之理細推尋　一枕鴛鴦夢不成
佳人屬兎難偕老　再娶屬虎是同盟
梧桐樹上起秋風　七月十二好生辰
玉露銀河天色爽　晚景榮華福祿增
卦中之理細推詳　椿萱斷定變爻間
請君靜聽進親相　父是屬狗母屬羊

乾　坎　艮

震　大旱得雨

巽　離　坤　兌

二十七八先否後喜

女命今生硬似鋼　相配夫君屬虎郎
半路分離拆散對　獨留自己守空房
乾坤位上毋難留　他命先終是屬猴
父命冲子是馬相　寿如松柏景悠悠
運交午火不風流　退職離官定主憂
六冲之命多如此　世事浮沈幾日休

艮之乾　生

乾 坎 艮 震

艮之乾 傷

母爻不旺卦中傳 命是屬虎去归天
高堂幸有馬足在 寿如松栢最長年

二十七八靜凶

日躔鶉首半夏生 聽來反舌已無聲
誕降本在五月内 中旬十二下天宮
飄飄蝴蜨亂飛揚 姐妹行中有兩進
此命主定身居長 原來同父不同娘

巽　離　坤　兑

五九六十无大咎

大運壬午官星强　深沐君恩喜氣洋
政績惠民追召杜　萬家歌舞慶登堂
卦中之理仔推求　全憑時刻兩相投
查對雙親果何相　父是屬狗母屬牛
庚戌運中問否泰　前後原來命有區
上五年田問捉兔　下五年井底撈魚

艮之乾　傷

艮之乾　杜

丘蚓結兮是仲冬　飄飄瑞雪落庭中

乾

生長正閏十一月　二十二日下天宮

坎

五九六十小有悔

艮

二十七八先喜後否

震

年少青春學業成　方信詩書不負人

功名管教垂手取　一十九歲入黌門

巽

虺蛇兆夢卦非陽　雖有喜慶是小祥
安年交至四十一　房中吉産女嬌娘

離

庚戌運中論吉凶　多少不美在其中
交到下五年間看　芙蓉出水滿池紅

坤

若問你身何日降　三月十二到凡塵
進進燕子穿簾去　翡翠枝上子規鳴

兑

壬日壬寅時上清　不是俗子與凡民
榮華富貴登仕路　金堦玉殿任君行

艮之乾　杜

艮之乾　景

東風解凍正月中　大澤陽和魚負冰

乾

靈胎滿足該出世　一十二日見母親

坎

人生難得寿百年　此命一百零三傳

秋風一動飄黃葉　魄降魂升上九天

艮　五九六十无咎

震

運行庚戌主數煎　財破身災不得安

更兼門戶不吉利　謀為怎得赴心源

巽

運行交至壬午間　正如群馬到平川
漸漸去達千里路　登山臨水往無前

離

丁日壬寅必主貴　龍樓鳳閣出奇英
不是凡夫並俗子　馳驅報國輔明君

坤

二十六七元吉

兌

何年何月立子宮　妻交四十五歲中
枯楊樹上花枝茂　蟠桃葉底菓青紅

艮之乾　景

乾　坎　艮　震

艮之乾　死

命中主定好兒郎　四子全家世業昌
其中必定有貴命　腰金衣紫伴君王
大運初交壬午中　魚遊淺水滯難通
不久漸入大海去　東西南北任君行
四十六七運欠通　事非纏繞不隨心
龍離滄海非長計　虎出深山恐惹凶
乾坤二爻皆發動　準親之相查對明
生身老母是屬虎　父命原來地四金

巽

運交庚戌事違心　日月雲遮不顯明

求人反被人欺哄　怕虎偏來虎穴中

離

莫怨生長不遇時　花開結菓晚來奇

四十五上生二子　猶如枯木發新枝

坤

五九六十永貞吉

兌

母命原是下來上屬羊　今生一定命源長

冲尅父親爻象動　若為屬狗命歸亡

艮之乾　死

乾　坎　艮　震

艮之乾　　驚

此刻生人告又辛　斧斤安日手中輪
西山庀石雕鏤巧　手藝精工養你身
運行庚戌喜重重　佳趣無邊入你門
人逢喜氣精神爽　月到中秋分外明
運交壬午卦間評　花開結實滿園中
百年事業安排就　何必勞神再費心
子宮遲早卦中詳　庚相從來不一般
父年生你四十五　陰功積得一兒郎

巽 離 坤 兌

前世姻緣今世逢
妻宮命是松柏木
後天斷就毋屬牛
請君細聽你得父
四十六七最堪誇
從今遊過千層娘
日躔寿星元鳥归
閏八月当十二日
艮之乾 鷩

鴛鴦交頸在河濱
屬虎庚寅年上生
卦爻健旺百年秋
狗相黃泉路上遊
魚遊大海遍天涯
燒尾應知大振家
庭前香桂勝寒梅
脫離母腹在羅幃

艮之乾 開

乾 坎 艮 震

學問悠優志氣揚 培風振俗化他方
爵祿雖小清高位 訓導諸生大出常
正鼓瑤琴忽斷絃 佳人已定命難堅
尅一再娶還不久 三房虎相壽方延
大運庚戌喜非常 財源興旺世業昌
鳥飛雲表無災患 魚入深淵得餌香
后天斷就凄親相 父屬狗兮母屬羊
若問今生壽長短 白頭相守在高堂

巽

庭前曾植紫荊樹　兄弟三人一母生
次序之中你居三　昆玉各自顯芳名

離

日躔星紀水泉動　雪裏寒梅枝葉芳
誕降元辰十一月　中旬十二見親娘

坤

大運壬午多主凶　終日坎壈纏其身
必定破財有口舌　官詞逼迫要留心

兌

掘井得甘泉

艮之乾　開

損

後天艮之兑

乾坎艮震

艮之兑　休

姻緣主定月老知　定就妻宮一屬雞
再配佳人屬狗相　琴瑟和偕永不離
虹藏不見水始冰　星宿交躔析木中
生你元辰十月內　二十二日下天宮
清風明月柳如煙　父母今生壽百年
父親沖子定屬馬　母氏屬虎艮宮安
鴛鴦為戲水弄荷花　屬馬夫妻一對佳
丹桂堂前人自立　白頭相守永無差

巽 財神退舍

此命生來志氣雄　輕財重義作東公

離

算定不是軟弱漢　一生最好打不平

花開棠棣葉層層　手足相連有三丁

坤

卦中定就你居長　同父同母不同心

兌

命中男女是前生　長子屬馬始能成

空中瑞氣紛紛降　堂前三子自蓍榮

艮之兌　休

艮之兑　生

乾　父母宮中母屬雞　已到黃、郊入土墟
留下屬虎生身父　堂前獨自暗悲啼

坎　四十三四先否後喜

艮　飄飄桂葉滿庭香　明月全輪半已殘
生長已定八月內　二十二日見親娘
月老錯配好姻緣　屬狗夫君命歸天

震　也是命裏該如此　何必吞聲不喜歡

巽離坤兌

雙雙蝴蝶花間醉　女命姐妹有五人
次序排就你居四　原來父同母不同
大運交來寅木中　官星暗昧欠光明
坎壈纏身多憂悶　顛倒無常駁雜
坤卦之中仔細尋　雙親年命不相同
父是屬馬午年降　母氏屬猴申歲生
命中之理玄又玄　尅妻前定總由天
室人屬兔難偕老　再娶屬狗到百年

艮之兌　生

艮之兌　傷

父母宮中定得清　兩命原來俱不同
父生午年屬馬者　母生寅歲虎年人
一枝紅杏出墻東　蝴蝶雙雙繞在空
若問女命何日降　父交二十一歲中

乾坎艮震

四十三四　靜凶

此命列在九流中　仁心仁術一方聞
醫道自古同仙道　半積陰功半養身

巽 離 坤 兑

花開朵朵牡丹香　姐妹一排九位

算來一父不一母　次序之中你是三

壬午運中不相同　卦爻逢吉又逢凶

上五年雲開日現　下五年災煞纏身

小暑臨兮大雨行　蟋蟀居壁六月中

生辰已定二十二　父母堂前添一丁

慈母屬兔爻象裏　去到陰府不回來

若問父是何庚相　虎歲生身壽若槐

艮之兑　傷

乾 坎 艮 震

艮之兑　杜

蚯蚓出今王瓜生　日躔實沈螻蟈鳴
生辰已定四月内　二十二日見母親
福祿榮華命裏查　枝頭丹桂發萌芽
母年正交四十九　生你如同一朵花
壽夭長短皆前定　入命災星損命宮
五十九歲作大夢　如石落水永不升
運交壬午數欠通　驗雜不遂在心中
若到下五年間看　遊魚漸漸入淵深

巽 流年行至二十七　可喜文齊福又齊
一日榮華遊泮水　果然平步上雲梯

離 壬日生逢庚戌時　榮華富貴命中隨
食祿千鍾人世羨　忠心報国奏

坤 四十三四　先吉後不吉

兌 雪花飄泊罩乾坤　斗柄輪迴建子宮
生辰定閏十一月　初三胎足降堂中

艮之兌　杜

艮之兑　景

乾　四十三四　元吉

此命也在四辰中　心内經營却也精

坎　披星戴月多勞若　担在肩頭負百斤

南極註定壽源長　豈畏寒暑與風霜

艮　正似彭祖長不老　二百一十夢黄梁

丁日庚戌時非常　今生定作紫衣郎

震　世食天祿自榮顯　聲名清白萬民揚

巽離坤兌

運交壬午大不通　災殃口舌到門庭
月被雲遮光欠顯　江心船到起狂風
團團明月出雲端　十七妻宮生一男
鳳鸞交結鴛鴦會　一對嫦娥下廣寒
流年二十六七中　主定災殃必及身
花好忽遭連夜雨　多方謹守保安寧
日麗降妻元鳥至　郊外忽聽倉庚鳴
生長已定二月內　二十二日母子分

艮之兌　景

乾坎艮震

艮之兌 死

二十七八流年通 謀利求財逢貴星
耕種收穫般般好 百方和順趁心情
運交壬午主多凶 災禍紛紛來及身
錦上缺少添花者 雪裏盡是送冰人
后天妙理不虛傳 此刻生人耀祖先
正路功名無有望 甲運逢之把職捐
樂天知命是吾年 萬里青雲月正圓
蘭房喜氣從天降 五十二歲生兒郎

巽

雙親之命卦中尋　嚴父原來地四金

慈母他是屬狗相　雪裏梅花枝葉青

離

父母宮中母屬猴　歲月和合永悠悠

父親主定屬馬相　已作黃泉路上遊

坤

六十二三流年凶　禍患災殃來及身

吾勸君子宜謹守　若不留心大受驚

兌

后天斷定不尋常　子息宮中仔細詳

命中該是兩個子　內中有一帶破郎

艮之兌　死

艮之兌　驚

乾

六十二三流年高　逆浪行舟意氣豪

福祿喜從天上至　悠悠自在甚逍遙

姻緣天定非人為　一對鴛鴦在羅幃

坎

佳人配就屬狗相　釵釧金命效于飛

壬午運交大發興　問利求名萬事亨

艮

范雎至秦掛相印　卞和獻玉見楚成

父文休因巳入土　算來他在馬年生

震

母氏屬虎添延壽　孤燈獨守淚沾襟

巽離坤兌

問君何日降其身　父交五十三歲零
一門喜氣從天降　晚景榮華福自增
菊花開放滿籬邊　鴻雁來賓南向旋
生辰巳知閏九月　二十二日定胎元
此命也曾攀丹桂　鹿鳴筵上是英雄
只因誤犯皇王法　革去衣冠永不升
無冬無夏手入盆　寒氣徹骨冷如冰
學成手藝千家用　無價之寶弄黃金

艮之兌　驚

乾　坎　艮　震

艮之兌　開

天地人元分五行　富貴榮華寅是真
公侯將相難為比　命定此刻是皇親
鴻雁嗷嗷天際鳴　雙雙兄弟一娘生
次序排來分先后　你生此刻是頭名
白雪陽春正合歡　忽然琴上絕雙絃
室人主定尅二個　再娶屬狗度長年
水澤腹堅季冬天　雪花飄落滿山川
誕降本在臘月內　二十二日定胎元

巽

乾坤位上仔細求　父親屬馬母屬猴
二人俱在高堂上　壽如松柏景悠悠

離

良苗得夜雨

坤

運交壬午喜氣臨　動無不利百福生
舉手捉獲雙飛雁　挽弓射中正紅心
女運甲午最為良　月到中秋分外光

兌

閨閫喜事從天降　增福增財更吉昌

艮之兌　開